JN251813

新たなスポーツビジネス モデルを考える

同志社大学スポーツマネジメントプロジェクト講演録

同志社大学スポーツマネジメントプロジェクト **編集**

横山勝彦・二宮浩彰・庄子博人 **監修**

株式
会社 **杏林書院**

[編集]　同志社大学スポーツマネジメントプロジェクト

[監修]　横山　勝彦　同志社大学スポーツ健康科学部教授
　　　　二宮　浩彰　同志社大学スポーツ健康科学部教授
　　　　庄子　博人　同志社大学スポーツ健康科学部助教

[講演者]
平山　直子　スポーツ庁参事官（民間スポーツ担当）付企画官（第1章1）
佐藤　仁司　Jリーグクラブ経営戦略部スタジアム推進グループ
　　　　　　グループマネージャー（第1章2）
花内　誠　一般社団法人アリーナスポーツ協議会／株式会社電通（第1章3）
松本　泉　毎日新聞論説委員／元毎日新聞大阪本社スポーツ事業部長（第2章1）
内田　大三　株式会社GAORA編成制作部編成担当（第2章2）
新川　諒　フリーランス通訳／スポーツライター（第2章3）
桂田　隆行　株式会社日本政策投資銀行地域企画部参事役（第3章1）
関口　貴弘　デロイト トーマツ ファイナンシャルアドバイザリー合同会社
　　　　　　ヴァイスプレジデント（第3章2）
大柴　信吾　東急不動産株式会社都市事業ユニット都市事業本部
　　　　　　商業施設運営部グループリーダー（第3章3）
八木　匡　同志社大学経済学部教授（第4章1）
石井　智　大阪ガス株式会社近畿圏部健康なまちづくりプロジェクト室長（第4章2）
是永　大輔　アルビレックス新潟シンガポールCEO／
　　　　　　アルビレックス新潟バルセロナプレジデント（第5章1）

[同志社大学スポーツマネジメントプロジェクト学生メンバー]
安井　謙造（リーダー，前書き）
木村瑠々花（第1章　スポーツ政策）
若林　優汰（第1章　スポーツ政策）
枝元　遥（第2章　スポーツメディア）
松本　昂大（第2章　スポーツメディア）
岩井　凌太（第2章　スポーツメディア）
野村　恭平（第3章　スポーツファイナンス）
山﨑　将誉（第3章　スポーツファイナンス）
淡田夏都香（第4章　スポーツCSR）
遠藤　貴晃（第4章　スポーツCSR）
出口　知弘（第5章　プロスポーツ）
岡村　綺乃（第5章　プロスポーツ）

まえがき

　本書は，同志社大学スポーツ健康科学部において 2016 年度に開講された「スポーツ健康科学特殊講義 A−3」のなかで行われた講演会の内容をまとめたものである．「スポーツマネジメントプロジェクト」と称す本講演会では，学生主体で現代スポーツビジネスの課題を抽出し，その課題解決に取り組まれている専門家をお呼びして講演をしていただいた．そこでの目的は，われわれ学生が，テーマ設定，講演会の段取り，講師への連絡，運営，そして，成果のとりまとめとしての書籍化を進めていくことであったが，それは暗中模索の状態で困難をきわめた．担当教員である横山勝彦先生，二宮浩彰先生，庄子博人先生にご指導をいただき，講演の開催，書籍の完成に至ることができたように思う．

　2020 年の東京オリンピック・パラリンピックを控え，国内のスポーツ界は盛り上がりをみせている．講師の方々による 5 回の講演を通じ，スポーツにかかわる現場の最新情報，最先端事例など，普段の授業では知ることのできないスポーツマネジメントに関する知識を得ることができた．本書を通じて 2020 年，またそれ以降のスポーツ業界での活躍を志す学生に，私たちが得たものを共有できれば幸いに思う．

　最後に，唯一の 4 回生であるという理由でリーダーに選ばれた頼りない自分を支え，中心となって活動してくれた 3 回生のメンバー 11 人とは，共にかけがえのない貴重な経験をすることができた．そして何よりも，ご多忙のなか，講演依頼にご快諾いただき，書籍化へのご協力をいただいた講師の方々，未熟な私たちに多大なるご指導をいただいた先生方に感謝の意を記す．

　　　　2017 年 2 月 8 日

　　　　　　　　　　　　　　　　　スポーツ健康科学部 4 年生　　**安井謙造**

目　次

第2章　スポーツメディア

第3章　スポーツファイナンス

第4章　スポーツCSR

第5章　プロスポーツ

第1章 スポーツ政策

1. スポーツ産業の活性化に向けた政府の検討および
   今後の取り組み
   平山　直子　スポーツ庁参事官（民間スポーツ担当）付企画官

2. スタジアムの未来
   〜わが町を愛するコミュニティを地域活性化の核に〜
   佐藤　仁司　Ｊリーグクラブ経営戦略部スタジアム推進グループ
   　　　　　　グループマネージャー

3. スポーツ産学連携＝日本版 NCAA
   〜スポーツマーケティングの立場からみた
   　大学スポーツの重要性〜
   花内　　誠　一般社団法人アリーナスポーツ協議会／株式会社電通

　2020年東京五輪の招致に成功したこと，2016年夏季オリンピックで日本代表選手が過去最多のメダルを獲得したことなど，日本ではオリンピックやスポーツに対して関心が高まっています．

　しかし，日本ではまだ，スポーツというものが健康や教育といった見方が多く，お金を儲けるというイメージがありません．そして，スポーツは経済的に自立できるほど高く評価されているわけではなく，多額な予算があるわけでもないのです．このような状況で，2020年東京五輪の成功と日本のスポーツの未来を見据えたスポーツの市場を拡大させるために，日本政府は2015年10月に設置したスポーツ庁を機能させ，限られた予算で無駄のない支援をしなければならないのです．このように厳しい現状にある政府にすべてを背負わせることは無理難題であり，なんらかの協力が必要となってきます．その一つの解決策としては，民間企業の力を借りて行う官民連携がキーワードとなり得ると考えられます．

　そこで，日本の財政および経済状況を踏まえたスポーツの国家戦略と，新しいスポーツビジネスを作るために国ができることとは何なのかという疑問が浮かびました．その疑問を解決するべく，3名のゲストスピーカーから講演をいただき，現場の事実，視点，考えを教えてもらうことにしました．

　まずは，政府のスポーツ庁の平山直子氏から日本の財政および経済状況を説明してもらい，日本の現状を把握します．スポーツ庁は東京五輪を契機に発足した組織でありますが，日本の主なスポーツ事情を取り扱うようになるため，さまざまな省庁から集まってできています．このことから，今までバラバラの省庁が行っていたスポーツ問題を一つの場所で話し合えるようになります．それは日本のスポーツ界の歴史的発展であり，日本でスポーツが認められてきているということを感じます．日本の経済政策の重点分野を示す「日本再興戦略2016」に初めて「スポーツの成長産業化」というものが入り，スポーツ未来開拓会議が行われ，その中間報告が行われました．そこからスポーツ庁が考えるスポーツの国家戦略は何なのか，そのために国はどのようなことを考えているのかをお話していただきます．

　次に，Jリーグクラブ経営戦略部から佐藤仁司氏をお呼びし，日本でスポーツ産業を成功させた実例の視点から現状とこれからの展望をお聞きします．Jリーグは日本のほとんどの都道府県にクラブを持ち，地域活性やスポーツ産業に貢献する大きな組織であります．Jリーグの歩みはこれからのスポーツ産業の道しるべとなり，参考にしていくべきところが多くあります．今のJリーグはスポーツ文化がより発展している海外に目をやり，大きな違いとしてスタジアム経営が違うのではないかと考えられます．日本はスポーツを行うところを競技場と呼び，サッカー場と陸上競技場が一緒になっていることが多く，競技者の視点を重視して，あまり観客のことが考えられていません．その要因として，アクセスしにく

い問題やスポーツする以外の活用法があまりないことがあげられます．一方，海外では町の中に位置し，市民が活用しやすいようにショッピングや映画館などスポーツ以外でも使用することができ，その地域のシンボルとなるような存在になっています．このようにスタジアムをより地域に浸透させ，どうやってスポーツ市場を拡大させるのかをお話していただきます．

　最後には，株式会社電通から花内誠氏をお呼びし，新しいビジネスモデルとして日本版 NCAA についてお聞きします．スポーツ庁のスポーツ未来開拓会議の中間報告であったように，大学スポーツに多くの注目が集まっています．日本ではもともとプロリーグと高校のインターハイなどは人気があり盛り上がることが多いですが，その間の世代の大学スポーツが取り上げられることは少ない傾向にあります．実際，スポーツ先進国であるアメリカは大学スポーツに力を入れ，ビジネスとして利益を出し，またスポーツに投資するというお金の循環ができています．日本の大学スポーツは技術もあり競技場も持っているにもかかわらず，表に出ることが少ないのです．そこで，小さい日本のスポーツ市場の拡大，スポーツのお金の循環をつくるなどの新しい取り組みとして，どのように考えているのかをお話していただきます．

　このように，日本の現状を踏まえたスポーツの国家戦略を現場から聞くことで，状況の理解を深め，国がどのように動くのか，どのような方向に向かっているのかということがわかっていただけるだろうことと思います．

　皆さん，こんにちは．開会にあたりまして一言ご挨拶させていだきます．本日はご多忙のところ多数の方々に御出席いただきまして，誠にありがとうございます．このたびは，同志社大学のスポーツマネジメントプロジェクトという特殊講義の授業の一環として，このセミナーを開かせていただきたいと思います．初回は，我が国の財政及び経済状況をふまえたスポーツの国家戦略とはというテーマです．2020年東京五輪に向けてスポーツ関連予算が年々増加しています．国は，東京五輪を契機にスポーツ庁を機能させ，税金で無駄のない支援をしていくべきであり，それと同時にスポーツの将来を見据えれば民間の力を借りつつ，市場を大きくする必要があるという背景を踏まえてご講演いいただきたいと思います．それでは，まず，平山様からご講演をいただきたいと思います．よろしくお願いします．

1．スポーツ産業の活性化に向けた政府の検討および今後の取り組み

（平山直子）

　皆さん，こんにちは．スポーツ庁の平山です．今日は大学生の皆さんの前でお話するのは私も初めてなので，ちょっと感覚がつかめないまま終わってしまうかもしれませんが，スポーツ政策の話をしてほしいと言われて来ました．せっかくなので，今スポーツ政策で一番ホットな話題を提供したいなと思いまして，Jリーグの佐藤さんとそれから電通の花内さんをご推薦いたしました．この3人で話をすれば，今，政府におけるスポーツ政策の最先端の話が皆様にご提供できるのではないかと思います．

1）他省庁から集まるスポーツ庁

　皆さん，スポーツ庁ができたのはご存知でしょうか．去年10月にできました．それまでは，文部科学省の中にスポーツ・青少年局というのがございまして，私は文部科学省職員としてスポーツ・青少年局にいたのですが，そこをなくしてスポーツ庁という新しい組織を作りました．スポーツ庁ができて何が変わったかと言いますと，まず，他省庁からたくさんの人たちが来ています．これからお話をしますけれども，スポーツというのはものすごいいろいろな分野とかかわりがあって，例えばスポーツと健康というのだと，厚生労働省が担当している平均寿

平山直子氏

命とか健康寿命に関係ありますし，スポーツの国際展開と言いますと，スポーツ外交と言いまして，外交によってスポーツが非常に大きな役割を果たします．

　リオオリンピックが8月5日から始まりますが，平和の祭典と呼ばれているように，国家間の交流においてスポーツが大きな役割を果たしていることで外務省の方に入っていただきました．それから，今日，皆さんにお話をするスポーツと経済，これについては経済産業省の方に来ていただきました．文部科学省というのは，もともと教育を専門とする役所ですので，外交とか健康とか経済とかそういう不得手なところがございました．したがって，本当にやらなければいけないことができなかったというのが，今までの実情でして，これをいろんな省庁から来ていただくことによってパワーアップした組織になりました．民間からは今，30名ぐらい来ていただいています．食品メーカーや旅行代理店などさまざまな分野の業種から派遣いただいており，多様性に富んだ風通しのいい役所が去年の10月からスタートしています．

2）スポーツ庁が取り組んでいる課題

　スポーツ庁ができる前，文部科学省スポーツ・青少年局時代から取り組んでいる課題で，今後スポーツ庁として重点を入れていきたいものをいくつかご紹介したいと思います（図1）．

　例えば，スポーツによる健康増進です．皆さん，週1回の成人のスポーツ実施率って今，何パーセントかご存知ですか．今一番近い調査で40％です．その4

<スポーツが新たな価値を生み出す時代へ>

- ●従来の概念にとらわれず「スポーツで稼ぎ，その収益をスポーツへ還元する」システムを実現する.
- ●負担（コストセンター）から収益（プロフィットセンター）へ.
- ●人々のニーズにこたえる付加価値あるサービスを提供し，カスタマー・エクスペリエンスを高めるスポーツ産業の振興を促す.
- ●スポーツ産業の潜在成長力を顕在化させ，わが国の基幹産業へ.

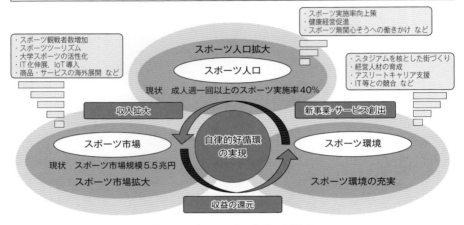

図1　スポーツによる経済の活性化

年前の調査だと47％だったのですが，それが下がって40％になっています．このスポーツ実施率，一番高い年代層というのはどの年代かというと，実は70歳代なのですね．70歳代以上の方であれば，週1回以上スポーツをしているのは46％ですが，例えば20歳代，30歳代になるとそれが20％ぐらいに下がってしまうということで，実は年をとると一生懸命スポーツをするのですが，若いときはあまりスポーツをしないというのが日本のスポーツ実態で，それはずっと変わっていないです．

　また，別の課題として国際的地位の向上，皆さん，スポーツの国際舞台というと，最初に思い出すのはやっぱりオリンピックですよね．例えば，IOCすなわち国際オリンピック委員会にIOC理事という方がいらっしゃるのですが，世界から117名ほどIOC理事がいます．そのうち日本人は何人ぐらいいると思いますか？

（学生）　　5人.

（平山氏）　昔は4人という時代もあったのですけど，今は1人です．たった1

人しかいないのです．日本は経済規模でいうと世界第3位の国ですけども，実は国際的スポーツの舞台では，117分の1のパワーしか持っていないのです．それから，皆さん，各競技には，国際競技団体というのがありまして，例えば国際サッカー連盟や国際陸上連盟，国際水泳連盟などがあります．そのうち会長職を占めている日本人は1人もいないのです．つまり，世の中にある競技の国際競技団体で日本人がトップを占めているものは1つもないのです．日本のお家芸といわれる柔道でも，日本人ではなく，別の国の方が会長をしております．もちろん，他のオリンピック種目ではない競技になると，日本人の方もいるのですが，オリンピックという舞台をみると，非常に日本人の政治的パワーが低いということになり，これは大きな課題です．

3）日本再興戦略2016にてスポーツの成長産業化

それから，スポーツによる経済と地域の活性化，いわゆる地域のスポーツ活動についてはもともと文部科学省時代から取り組んでいましたが，経済活性化の部分については，まったく新しい取り組みで予算もわずかしかついていません．具体的に言えば，スポーツ庁予算が平成28年度は367億円ですが，このうち3,000万円しか充てられていないのが実情です．平成28年度から始まったばかりというのもあるのですが，逆に言うとこれからどんどん伸びていくと思っております．その証拠に，毎年6月に日本の経済政策を決める「骨太の方針」が政府から公表されますが，今年はこれと一緒に公表される日本の経済政策の重点分野を示す「日本再興戦略2016」に初めて「スポーツの成長産業化」が入りました．今まで，日本の経済政策の中に，「スポーツ」の文字が重点分野として入ったことはありませんでした．ようやく政策ベースとして，スポーツによる経済活性化ということが今出てきたという状態です．

4）スポーツ市場の規模拡大のために：スタジアム・アリーナ改革

スポーツ市場の規模は今5.5兆円といわれています．これを2025年までに15兆円まで増やそうということを考えています．スポーツ実施率は先ほど言ったように40％なのですが，これを65％まで増やしたいと思っています．そのために何をするのかということで考えているのがスタジアム・アリーナ改革です．これはこの後佐藤さんにもお話していただきます．もう1つは，スポーツコンテンツ

ホルダーの経営力強化です．これは一体何かというと，アリーナと競技場はスポーツをするインフラだとすると，器があっても中身のコンテンツがおもしろくなければ，みんなスポーツをやらないし，見ないしということになりますね．どうやったらもっとスポーツコンテンツをおもしろくできるのかということが課題となります．

　皆さんが生まれる前かもしれませんけども，Ｊリーグがスタートしたのは1993年です．1993年にＪリーグがスタートする前は，日本のプロスポーツは，ほぼプロ野球しかありませんでした．それがＪリーグがスタートして，プロについてはサッカーという新しい分野ができ，これだけＪリーグのファンの方が増えました．この秋からバスケットのプロリーグが始まります．バスケットの試合をテレビで見たことがある方，学校の高校とか大学とかを除いて実業団を見に行ったことがある方いらっしゃいますか？

（学生）　　エヴェッサ，bj リーグ
　　　　　　メジャーリーグ．

（平山氏）　メジャーリーグを見に行った彼はすごいですね．この狭い人数で2
　　人もいるのは感激ですが，これは多分また10年経ったら，ほとんどの人が
　　サッカーを見たことがあるのと同じようにバスケットも見たことがあるとい
　　うようになると思います．スポーツに興味関心がある人口を増やすという意
　　味では，ハードだけではなく中身のコンテンツというのは非常に重要で，ま
　　さにそこには経営人材が必要なのです．皆さんのように大学でスポーツマネ
　　ジメントを学んでいる方は，これは経営人材の卵として重要です．

　ただし，その卵が就職するときにすぐ自分は bj リーグに行きたいとか，ああＪリーグに行きたいと思っても，なかなかそれだけの受け皿もないですし，窓口も育っていないのです．また，何も知らない学生さんが来て，オンザジョブトレーニングでゆっくり教育できるほど，組織的体力はまだスポーツ界にないのです．ですから，今，私たちが考えているこの人材の育成というのは，社会人として1回勉強していただいて，いろいろな分野で活躍していただいた方が，じゃあ，自分はこれからスポーツの分野でプロの球団経営をやりたいとか，リーグの経営をやりたいという人たちに1回学んでもらって，すぐ「あなた，翌日からチームのゼネラルマネジャーとしてその場で実務を発揮できますね」というようなところ

まで，自分のスキルを高めてもらって，そして各球団に就職していただくというようなシステムをこれから作ろうと思っています.

ですので，勉強する場所は，もうJリーグさんはすでにJリーグのいろんな球団の資金獲得の仕方だとか，それからプロモーションのやり方だとか，選手の契約の仕方だとか，そういうものを教材にした学校を作って下さっていますので，そこを起点にしてサッカーだけでなく，野球やバスケやそれ以外の興味のあるところを学んでいただいて，そして，日本のコンテンツをもっとおもしろくするような人材を作るシステムをこれから作ろうとしています.

スポーツ庁として今できることは，このスポーツ界が抱えるもやもやとした課題を整理して，現状を把握して，次に何を戦略として打ち出していくのかという方向性を示すことです．これが大きな役割だと考えています．このため，「スポーツ未来開拓会議」という議論の場を設置し，中間報告をとりまとめたところです（図2）.

実際にいろいろな行動を起こすのは民間企業だったり，リーグや球団の方だったりするので，私たちとしてはどんな方策が必要かという方向性を示すというのが非常に重要な役割だと思っています.

先ほどスポーツ実施率の話をしましたけれども，実は日本の社会というのは，スポーツをする人の立場に立った政策が今まで非常に多かったのです．例えば，皆さんが生まれた地元の市町村に行けば，公共スポーツ施設というのがあると思います．市立体育館とか，市立競技場だとか，皆さんそういう場所で部活をやったり，大会に参加されたりしてきたと思います．それから，国民体育大会というのも戦後からずっと行われています．それも都道府県の代表選手たちが戦うというような形で，スポーツをする人に重点を置いた政策を行ってきたのですけれども，これからはスポーツをする人の立場も大事ですが，スポーツを見る人，支える人を増やさないといけないと思っております.

Jリーグの盛り上がりを見ていただければわかると思いますけれども，スポーツプレーヤーだけではなく，応援しているファンの方々，試合を観戦して楽しんでいる方，サポーターの方，こういう方々があって1つのスポーツ市場ができています．いかに政策的にその部分を底上げできるかが，スポーツ界全体の規模を大きくすることにとって非常に重要だと思っています.

今，日本のスポーツインフラはそういう仕組みになっていません．ですから，

課題①スタジアム・アリーナのあり方
【方向性】
①収益モデルの確立（コストセンターからプロフィットセンターへ）
②スタジアム・アリーナを核とした街づくり（スマート・ベニュー®構想）の実現
③民間資金の活用・公民連携の促進（PPP／PFIの活用等）
【今後の具体的な取り組み】
①スタジアム・アリーナ推進官民連携協議会（仮称）の開催
②施設の整備に向けたガイドラインの策定
③資金調達手法の充実
④新国立競技場の2020年東京大会後の運営管理

http://www.sfgate.com/

課題②スポーツコンテンツホルダーの経営力の強化、新ビジネス創出の促進
【方向性】
①高校・大学スポーツの資源の活用
②アマチュアスポーツ大会等へのビジネス手法の積極的導入等
③競技価値の最大化に向けた球団・リーグ運営の取り組みの充実
④地域特性、種目特性に応じた地域密着型ビジネスモデルの構築・普及
⑤グローバル化の促進（スポーツコンテンツ、球団経営等の海外展開等）
【今後の具体的な取り組み】
①中央競技団体（NF）の収益力強化に関する検討会議の開催
②大学スポーツの振興に関する検討会議の開催
③地域におけるプロチームと関係者による新産業の開拓

出典：第2回スポーツ未来開拓会議 樋掛氏資料より引用

日本再興戦略2016におけるKPI（数値目標）
●スポーツ市場規模の拡大
5.5兆円（2015年）→ 15兆円（2025年）
●スポーツ実施率の向上
40.4％（2015年）→ 65％（2021年）

課題⑤スポーツ参加人口の拡大
【方向性】
①子どもの頃からスポーツを楽しむことができる環境の整備
②ビジネスパーソン、高齢者等のスポーツ参加促進
③障害者のスポーツ活動
④スポーツを通じたヘルスケア産業の振興
⑤官民連携した施策の推進
【今後の具体的な取り組み】
①参加しやすく新しいスポーツの開発と普及
②職域における運動習慣の構築と普及
③運動部活動指導の工夫・改善支援 用具の開発と整備支援
④スポーツツーリズムの拡充（再掲）

スポーツ産業の成長産業化に向けて

基本的な考え方
●すべての国民のライフスタイルを豊かにするスポーツ産業へ
・「モノ」から「コト」（カスタマー・エクスペリエンス）
・「負担（コストセンター）」から「収益（プロフィットセンター）」へ
・「体育」から「スポーツ」へ
●ポスト2020年を見据えた、スポーツで稼ぎその収益をスポーツへ再投資する自律的好循環の形成
●スポーツ産業の潜在成長力の顕在化、わが国基幹産業化へ
・わが国GDP600兆円の実現
・スポーツをコアとして周辺産業に波及効果を生む、新スポーツ産業の創出
●スポーツを通じて社会を豊かにし、子どもたちの夢を形作るビジョンを提示

課題③スポーツ人材の育成・活用
【方向性】
①専門的な育成および実践的な教育とマッチング機能を有するプラットフォームの構築
②学生への教育の充実
③アスリートの引退後のキャリアの選択肢の充実とアイデンティティ支援
【今後の具体的な取り組み】
①スポーツ経営人材プラットフォーム協議会（仮称）の開催
②デュアルキャリアプログラムの設立による各団体のコンソーシアム設立によるアスリートサポートシステムの構築
③アスリートに対するコンプライアンス教育

（参考）ULEAGUE HUMAN CAPITAL

課題④他産業との融合等による新たなビジネスの創出
【方向性】
①スポーツ産業のエコシステムの構築
②スポーツを「見る」「する」楽しみを拡充
③ウェアラブル機器の導入によるスポーツを通じた健康ビジネスの拡大
④スポーツデータの分析・活用
⑤さまざまな媒体の活用を前提としたスポーツメディアビジネスの拡大
【今後の具体的な取り組み】
①スポーツツーリズムの拡充
②他産業とのビジネスマッチング
③データアナリストカンファレンス（仮称）の開催
④スポーツメディア協議会（仮称）の開催

図2 スポーツ未来開拓会議中間報告概要

体育館に試合を見に行っても飲食できないなど，アミューズメントを提供できるインフラが整っていません．また競技場は，Jリーグが頑張ってスタジアムはおもしろくなってきていますが，それでもやはりプロ野球専用スタジアムに比べたら，観客の方がああ何かすごく楽しかった，音楽が鳴って食べ物もいろいろあって，おもしろかったというようなところまでインフラは整ってないのです．

　やはり日本は長年スポーツをする人，部活ですとか，市民大会とかそういうする人たちにとってどうかということを重点的にインフラ整備をしてきたので，今そういうスポーツファンを増やす，スポーツ消費人口を増やすという観点からのインフラになっていません．そこをまず変えないといけないというのが1番です．

5）中央競技団体の経営力の強化

　2番目はスポーツコンテンツホルダーの経営力の強化です．例えば，先ほどIOCの話をしましたが，国内にも各競技を統括する中央競技団体というのがあります．水泳であれば，日本水泳連盟，陸上であれば日本陸上競技連盟，そういう競技を統括する団体が日本代表選手を決めていますし，公式試合もそこが主催したものでないと公式試合にならないのです．だから，日本で自分は100m7秒の記録を持っているという公式記録がほしかったら，ちゃんと日本陸上競技連盟が主催する試合に出なくてはいけない．自分が100mバタフライで日本で1位だと証明したかったら，日本水泳連盟が主催する公式試合に出ないといけない．自分たちが日本でナンバー1のチームだと思っているのであれば，バレーなりバスケットなり日本バスケットボール協会，日本バレーボール協会が主催する競技大会にでないといけないということで，日本のスポーツ界はそういう中央競技団体といわれるスポーツを統括する団体によってコントロールをされています．

　どんな大会を開いて，どういうふうに競技人口を増やして，どうやって日本代表チームを強くしていくかというのは，全部この競技団体の方の経営手腕によっているわけです．各団体の年間収支予算なのですが，突出して多いのは，日本サッカー協会の180億円．それ以外の団体はラグビーが30億円ですけれども，それより下の団体はだいたい20億円以下で，日本サッカー協会の180億円には遠く届かないのです．これは，もちろんサッカー人気というのもあるのですが，やはり団体としての経営力がどうかということも非常に影響しています．

　日本サッカー協会では，全国の競技者からきちんと会費をいただき，サッカー

ファミリーとしてのステイタスを与えるとともに，指導者，指導法もすべて統一的に管理しています．都道府県，市町村等のさまざまな団体を母体としたサッカーファミリーを統括し，管理し，団体の経営を行っています．これは，日本サッカー協会が団体の経営力，ガバナンスの強化に力を注いできた結果だと思います．できるなら，ほかの団体もサッカーみたいにやりたい，でも，サッカーにはできたけど，自分たちにはなかなか厳しいというふうに皆さんおっしゃいます．その理由としてまずは，事務局の体制が非常に脆弱であることがあげられます．サッカー協会は事務局に115人以上いますけれども，その他の団体は20人以上の団体が3つ，10人以上の団体が10，それでどうやって全国の10万人以上の競技者を管理できるかというところから考えますと，なかなか人もいない，お金もない，だから何もできないということになってしまいます．それを転換し続けたのが日本サッカー協会の成功モデルなのですが，なかなか日本サッカー協会の成功モデルがほかの団体に浸透しないというのが現実です．だからこそ，さっきのスポーツ経営人材を増やしていって，そして，各競技の特質に即した成功モデルを生み出すことにより，各競技団体の収支規模を大きくし，スポーツ人口を増やしていくというのが大きな目標です．

6）新たなスポーツコンテンツの発掘，大学スポーツの改革

もう1つ，スポーツコンテンツで重要なものの1つとして，私たちが着目しているのは大学スポーツです．日本には大学が今，800ぐらいありますけれども，それぞれよいスポーツ施設も持っていますし，それからスポーツ人材，指導者，学生を持っているということで，これをもっと大学が持っている教育機能ですとか，それからインフラ自体これを社会に還元していくことで，日本全体のスポーツが盛り上がるのではないかと思っております．もちろん，学内のスポーツ教育自身が充実するということが一番大事なのですが，東京であれば六大学野球戦や箱根駅伝など，大学スポーツで非常に人気のあるコンテンツがあります（図3）．

ラグビーでも1990年代ぐらいまでは国立競技場6万人がいっぱいになるぐらい人気があったといいますが，20年前の出来事であります．そういう非常に魅力的なコンテンツを持っているにもかかわらず，それを使って資金調達して，さらに大学のスポーツ環境をよくするというようなマネジメントというのをなぜか考えてきませんでした．それは先ほどの中央競技団体の経営力の話にも直結する

課題：大学が持つスポーツ人材育成機能，スポーツ資源（部活動指導者，学生・教員，スポーツ施設）は，大きな潜在力を有している．一方で，アメリカのような大学スポーツ先進国と比較して，十分に活かしきれているとは言えない．

検討会議概要

5つのターゲット

①大学トップ層への理解の醸成
・大学スポーツの潜在力についての認識を国公私立大学長へ浸透させる

②大学スポーツの収益力の向上
・大学スポーツ活動の収益拡大に関する制度的課題の把握・検討

③スポーツ教育，スポーツ研究の充実
・カリキュラム研究の充実（スポーツボランティア，障害者スポーツの支援，生涯スポーツ促進等を含む）

④学生アスリートのデュアルキャリア支援
・部活動をする学生への学習・キャリア支援の充実

⑤大学スポーツの地域貢献
・大学スポーツを核とした地域活性化，人材・施設活用

勉強会メンバー

大臣
スポーツ庁長官
スポーツ庁次長
高等教育局長
科学技術・学術政策局長
安西大学体育連合会会長
五神東京大学総長
福永鹿屋体育大学学長
松浪全国体育スポーツ系大学協議会会長
蒲島熊本県知事・東京大学名誉教授

進捗およびスケジュール

①本年6月の骨太の方針に反映．
②7月の中間とりまとめに「日本版NCAAの設置を検討」と記述．
③時期スポーツ基本計画へ反映．
④平成29年度予算に反映（大学SAなどを検討中）．

図3　大学スポーツの振興に関する検討会議について

のですけれども，スポーツで金を稼いではいけないとみんな思っていたんですね．
　自分たちはアマチュアスポーツでやっているのだから，何かスポーツを人に見せて金をもらう，それは何かいけないことなんじゃないかというスポーツのアマチュアリズムが日本のスポーツ界には浸透していて，それはそれで美しいことではあるのですけれども，今や，オリンピックの大会であっても，それを行うのに何千億というお金が動いています．試合の中では，アマチュアリズムを徹底しつつ，それが人々に与える感動を利用して，資金を調達して，そしてそれをまたスポーツのいろんな分野に再投資していくという，こういう好循環を生み出すことというのは，別に悪いことではないし，これからもどんどんやっていかないといけないと思います．
　今までのように，国や地方公共団体が体育館とか競技場を作ってスポーツサー

ビスを提供し，公共サービスの1つだと思ってスポーツをやるという時代から，もう1歩進んでスポーツの楽しさをより多くの人に楽しんでもらって，かつその対価として資金を調達して，それをまたスポーツの環境がよくなるように回すという好循環を生み出していきたいと思います．今ようやくその最初のステップの入口に入ったのが今年からです．皆さんスポーツマネジメントを勉強されていると思いますけれども，ぜひそういう視点でもっとどんどん勉強を深めていただいて，ここで学んだ成果をスポーツ界での盛り上げに活かしていただきたいと思います．

質疑応答

（質問者）　貴重なお話ありがとうございます．スポーツで稼いだお金をまたスポーツの他の取り組みといったものにお金を循環させるというお話がありましたけれど，スポーツ庁としての取り組みとしても，企業のように利益を目的とした取り組みを今後推進していくというか，力を入れていくのでしょうか．

（平山氏）　スポーツ庁自身が稼ぐということはないのですけれども，それぞれのスポーツコンテンツホルダーが，そのスポーツコンテンツを用いて資金を調達していくという取り組みには全面的に支援していくつもりです．そのための人材の育成という観点では私たちも非常にサポートしやすいので，経営人材の要るところには人材をサポートしていくし，それから資金を調達するために必要なインフラ整備，スポーツ施設はほとんど公共事業として作られていますので，その公共事業全体がそういう資金調達できるようなインフラになれるように，方向性を示していくというのもスポーツ庁の役割だと思っています．

（司会者）　ありがとうございました．それでは，ほかの方々にも質問があると思うのですが，フロアからの質問は後ほど受け付けたいと思いますので，一旦，質疑応答の時間は終わりにします．それでは，1本DVDを見ていただいてから，次のご講演に入っていただきたいと思います．
講義資料（DVD「スタジアムはわが街の誇り」上映）

2．スタジアムの未来～わが町を愛するコミュニティを地域活性化の核に～

（佐藤仁司）

皆さん初めまして，Ｊリーグの佐藤と申します．記念すべき第１回の会にお招きいただいてありがとうございます．今，DVD をご覧いただいて，こんなスタジアムだったら，行ってスポーツを見たいな，サッカーがあまり好きじゃなくても行ってみたいと思われた方が多いのではないかと思います．

私は今年 59 歳になりますが，1990 年からスポーツをフルタイムの仕事にするという思いがけない人生になりました．大学３年のときに，リュックを背負ってヨーロッパを３カ月半一人旅して，スタジアムをぐるぐる廻ってサッカーを見て，美術館や練習見学に行き，それが今の原点になっています．みなさんと同じ年の頃に海外のスポーツ文化に触れてカルチャーショックを受けたことが，今でも仕事に役立っています．

一つのスポーツを通じて大勢の人と出会うことができました．今日もこうやって皆さんと一緒に同じ空間にいることができるのもスポーツのおかげです．スポーツには人と人を結びつける力があります．スポーツを介して友達や仲間が増える，そういう大切な面があるのです．

同志社大学を卒業してサッカー界で活躍されている OB の方が沢山いらっしゃいます．日本代表キャプテン宮本恒靖さん，湘南ベルマーレやザスパクサツ群馬で活躍されたゴールキーパーの小島伸幸さん，国際主審の家本政明さん，京都サンガのスタッフにも同志社 OB の方々がいらっしゃいました．

1）Ｊクラブの価値

Ｊクラブは，1993 年にはわずか８府県に 10 のクラブだったのが，いまや 53 クラブが 38 都道府県に，百年構想クラブも入れると，皆さんのふるさとには，大体どこかの J クラブがあるのではないかと思います．こういう広がりもスポーツの持つ力だと思います．よく私たちは競技団体と呼ばれますが，試合以外の地域活動，地域のお役に立つホームタウン活動を 365 日行っています．

Ｊクラブが日本各地にできた要因は，こうした活動によるものだと思っています．単なる興業団体で，試合が終われば外車を乗り回し，会員制クラブで酒を飲んだりするプロスポーツではありません．Ｊリーグはそのようなプロはまったく

佐藤仁司氏

イメージしていないということを最初から宣言しています．地域のお役に立つ活動によって，関心を持っていただき，人気を頂戴できるようになればと考えています．「Jクラブは地域の重要無形文化財になり得る」という外部調査機関から非常にありがたいレポートもいただき，社会になくてはならない存在にならないといけないと日々思っています．これからご紹介する「スタジアム」は，地域文化の象徴として，またこういうホームタウン活動の拠点だと私たちは考えています．

2）海外のスタジアム状況

　海外のスタジアムでスポーツの試合をご覧になった方がいらっしゃれば，手をあげてください．いますねえ，やっぱり．

　世界では新しいスタジアムがどんどんできて，エンターテインメントの舞台になっています．複合型のサッカースタジアム，ショッピングセンター，ラーニングセンター等，いろんな機能を備えたスタジアムもあります．ロンドンにあるチェルシーFCのスタジアムにはホテルが併設されています．ヒースロー空港に近いので，市内の渋滞を通らずに空港に行ける立地にあるからです．オランダのPSVのスタジアムの中にはトイザらスが入っていました．試合のない日も365日スタジアムは稼働できます．メガストア，ミュージアム，カフェ，スタジアムツアー，このような利用は当たり前です．

　こうしたスタジアムは小さな町でも続々とできています．スイスのザンクト・ガレンのスタジアムの隣はIKEAです．人口7万4,000人の街に2万人のスタジ

アムができ，どんどん人を吸い寄せている，これが世界の実態です．スタジアムは単なるスポーツの競技場という役割を超えています．オランダのアムステルダム・アレナは，最近60億円の改修計画を発表しましたが，高速道路がスタジアムの真ん中を突き抜けています．フランスのリールのスタジアムはサッカーのピッチが折りたたんで収納され，バスケットボールやコンサートのアリーナにもなります．新しい機能，スペックで個性豊かなスタジアムが次々とできています．

　スタジアムのネーミングライツは建設前から付けられています．アリアンツ・アレナは着工する時点，つまり完成の2年前からアリアンツのネーミングライツが付いています．アメリカは桁違いです．リーバイススタジアムの命名権料は年間12億円とかです．長期契約のネーミングライツ料が建設資金にもなっています．そのような事例が海外にはいろいろあります．

3）日本のスタジアム事情

　日本サッカーはワールドカップやオリンピックに出場できるようになり，チーム力はついてきたと思いますが，施設に関しては30年ぐらい世界から水をあけられています．2011年に澤穂希選手が活躍し，なでしこジャパンがワールドカップに優勝したときのドイツの9会場と，日本の陸上競技場とを見比べてください．

　これが世界との差です．日本のいわゆる国体仕様の陸上競技場は，改修しようとしても新設より費用がかかってしまいますし，躯体の改修自体が構造上難しいです．そもそもアクセスが悪く，経済効果も生まれない立地にある施設を改修したところで誰も幸せにならない，というのが私たちの考えです．

　またアクセスの問題があります．日本ではお墓参りに行くようなところにしかスポーツ施設がありません．2万人のスタジアムを建てる場所は，2万人がスムーズにアクセスできる立地であることが当たり前です．公共交通機関で行くことができるから試合のない日でも稼働するのです．試合時だけ臨時シャトルバスで対応するようなアクセスでは，施設は活用されません．家から車で行って車で帰宅する，このようなアクセス環境では，1銭も町にお金が落ちないですよね．

　これで本当に地域のプラスになっているのか疑問です．今日，ガンバ大阪は大宮で試合があるので，サポーターは新幹線で大宮に行きます．車によるアクセスは，アウェイのサポーターには通用しません．今後，高齢化が進めば，より一層，公共交通機関で行けることが大事になります．スタジアムは，日常利用を考えた

場合，周辺5km圏内の人口が肝になるといわれています．

　次には，屋根の問題です．屋根のないスタジアムというのはちょっと海外では考えられません．FIFAも，すべての観客席を覆う屋根が必要で，当初に屋根が設置できない場合でも将来的に屋根が設置可能な設計にしておくこと，と明記しています．今日，この部屋で皆さんの上には当然屋根があります．屋根がなくて雨が降ったら大変です．スポーツ観戦も同じです．傘をさしての観戦はできません．天気予報を心配しながら週末を迎えるビクビク感，そんな時代を変えていかなきゃいけません．私たちは何とかして屋根付きのサッカースタジアムを整備していきたいと思っています．

4）Jクラブのスタジアム，施設の問題

　各々のJクラブはいろんな施設上の問題を抱えています．例えば，陸上競技場をホームスタジアムにしているクラブは，スポーツの競技団体同士で週末の日程を取り合っています．試合の日以外は人が集まらない，地域経済にもたらす効果が生かしきれていません．これまで，スポーツ施設が競技のことしか考えずに作られてきたことが，今，こうして浮き彫りになっているのです．地域社会や地域経済が抱えている問題にも対応できず，この国におけるスポーツの社会的価値を，スポーツ界自体が伸ばしていなかったとも言えます．

　日本はこれまで，体育が，学校，国体，部活，競技場という世界で行われてきました．これと皆さんの専門であるスポーツとはまったく違います．Jリーグは2010年から「競技場」という言葉を全てNGワードにしました．競技をする場の競技場なんていっているうちはだめだということです．「体育館」も同じです．競技者だけの場所として見ていたから，こんな施設環境になってしまった．私たちは競技するだけの競技場ではなくて，見て楽しむ人も含めて，スポーツをもっともっとみんな広く楽しめて，365日稼働するスタジアムを整備していかなきゃいけない，そう考えています．

5）海外のスタジアムと日本のスタジアムの違い

　海外では，なぜこれほどスタジアムが充実しているのでしょうか．当初，私たちは，プロスポーツビジネス＝ホームスタジアムとしての環境整備を当然のように訴えていました．サッカーの魅力向上，快適性向上，サッカー界がサッカーの

1. まちなか，駅前，アクセスの良さ　　→ 複合利用
2. ビジネスラウンジ，スカイボックス　　→ 地域の社交場
3. エコ，IT（ワイヤレス・スタジアム）　→ 防災拠点
4. サッカースタジアム（劇場としての機能）

スタジアムに通勤する
スタジアムに学びに行く
スタジアムに買い物に行く
イベント時はスタジアム滞在時間が長い
居心地の良いホーム，第2のリビング
性別，年齢を問わず・・・

これが，収益化の鍵

海外では，さまざまなアイデアが・・・

図4　スタジアムの潮流

ことだけを考えて施設を要求していたのですが，しばらくしてこれは間違いだと気付きました．

　DVDをご覧いただいたように，海外にできているのは，街のシンボルとなり，わが町のクラブを介して地域が結束して，防災機能，地域コミュニティ，アウェイツーリズムといったさまざまなキーワードに代表される，文化的にも経済的にも地域に貢献できるスポーツ施設です（**図4**）．そのような時代になったことをご理解いただいたうえで，初めて「スタジアムの充実」が実現するのだと思うようになりました．今，サッカースタジアムの新設に着目している自治体，あるいは民間企業が多く増えています．

　クラブ経営面でもサッカースタジアムは重要なポイントです．2013年のJ1のクラブの営業収入，平均チケット単価を見ると，上位はサッカースタジアムをホームとしているクラブばかりです．陸上競技場をホームとしているクラブは，ビジネスになっていないことがわかります．

　アウェイツーリズムも大事なポイントです．どんどん，アウェイからスタジアムに人がやってきます．おらが町にどんどん，アウェイからファンが来てくれます．これは地域経済にとって非常に大事なことです．スタジアムには2種類しかありません．「もう1度来てみたいスタジアム」か，「2度と来たくないスタジアム」かです．Jリーグでアウェイの試合に訪れる人は，年間約100万人といわれています．1人1万円お金をかけるとすると，100億円の市場があるということです．

ですから，どれだけ「ホスピタリティ」，オリンピック招致時にもキーワードになった「おもてなし」で，おらが町に各地から人を呼べるか，これはハードだけでなく，ソフト面でも大事なことです．

　日本ではホスピタリティ施設としての考えが及んでこなかった設備があります．VVIPは皇室や国賓，VIPはステイタスのある来賓の方や役員，大使館や自治体の首長，公式パートナーの幹部のための施設です．ここまでは日本のスタジアムにもあります．ところが日本にないのが「ビジネスラウンジ」です．日本代表の試合で，公式パートナーのキリンビールやアディダスの幹部はVIPですが，それとは別に，例えば，キリンビールがキリンビールのお得意さまを1つのお部屋にお招きしておもてなしをする．アディダスがアディダスのスポーツ用品販売店を招いておもてなしをする．あるいは地元の商工会議所で1つ部屋を持って，そこでみんなが商談を交えて歓談をする．さきほどのDVDにもありましたように，いろんなグループの丸テーブルがミックスした部屋で，「今日はこちらのテーブルは，おじいちゃんの誕生日にお孫さんがご招待しました，パチパチパチ．こちらのテーブルでは遠い日本からわざわざこのスタジアムを視察しに来た不思議な団体さんです，パチパチ．」をする．要するに，ホスピタリティ付の，少し料金の高い席，収益を上げることができる設備が日本にはまったくないのです．スカイボックスというテラス席の付いた個室で家族同士，仲間同士楽しめる，こういう設備を備えたスタジアムはほとんどありませんでした．

6) 地域に貢献するスポーツ

　街はいろいろな問題を抱えています．都市の持続可能性の危機にあるといわれています．人口減少，高齢化，中心市街地の空洞化といった問題です．このような環境下で，経済的，社会的な持続力を持つための道は，地域貢献，社会貢献，国際貢献，この3つです．地域には，大都市にない深い愛着や暮らしやすいコミュニティ，住職近接とか，大都市にないものがあります．Jリーグのスタンドを映したこれらの写真には，「大分天下」だとか「福岡が好き」，「大好き徳島」「思いよ届け京都」と地域愛がそのまま記されています．「遠くのジャニーズよりも近くのモンテ（モンテディオ山形）」，このように地域のことを愛する人たちが，「田植えより大事な一戦」と捉えて気合入れてスタンドに来るわけですね．このような地域を愛する人たちの気持ち，アイデンティティを大切にしていかなきゃいけ

表1　スポーツの産業化（スタジアム）

◇スポーツの産業化（スタジアム）

- ・まちなか複合施設の実現が，スポーツと地域，双方の発展を利すること，それが
公共の支出を抑えながら実施できることを，Ｊリーグは2008年から各所で主張す
るとともに，研究を深めてきた．
- ・留意したいのは，立地すなわちアクセスがよいこと，コアテナントがいること，リ
スクをとって事業を推進する主体がいること.
この3つが揃えば，まちなか複合施設を日本中に広められる.
- ・立地／アクセスについては，政治の力をお借りしないと実現できない.
政策面で後押ししていただけるとありがたい.
- ・コアテナントとは，集客力があり，地域住民に愛されているプロスポーツクラブ.
プロクラブ定期的に興行することが，スポーツ施設を地域の成長エンジン化する
キーファクター.
- ・Ｊリーグは23年かけて，全国に53のプロクラブを育ててきた.
こういった潜在的なコアテナントがいる場所で，新スタジアム構想を進めるべき.
- ・立地がよく，有力なコアテナントがいれば，事業主体（リスクテイカー）は必ず現れる.
吹田ではコアテナントであるガンバ大阪自信が，事業主体となった.

◆成功のためには，公民協働が必要

- ・欧米先進国は，公民協働を上手に実現し，成功を得ている.
- ・土地の確保，規制にかかわること，長期投資の一部は，公の負担が必要.
公に整えていただいた土俵の上で，民が競争原理のもと切磋琢磨する.
民のあげた収益をもとに，公が先行投資を回収し，かつ地域の賑わいを得る.

ません．地域がスポーツを利用してどんどん活性化していければと思います．

　復唱になりますが，スタジアムの潮流は，「まちなか」「ビジネスラウンジ，ス
カイボックス」「エコ」「IT」そして「劇場」としての機能です．スタジアムに通
勤する，学びに行く，買い物に行く，DVD で見ていただいたような複合化もあ
ります．そこには，いろんなアイデアが詰まっています．そのアイデアをいくつ
かご紹介します．DVD にバーゼルの高齢者用住居が出てきました．何で高齢者
用住居がスタジアムの上階にあるのでしょうか．その理由は，お孫さんがおばあ
ちゃんのところに2週間に1度来て，一緒にテラスで試合を見るためです．だか
ら107戸が完売しています．

　ベルンのスタジアムの屋根の上にはソーラーパネルがあります．ソーラーパネ
ルは日本でもよくありますし，珍しくありません．ところが，このスタジアムは
屋根の上に少し突き出たところに，屋根を見下ろせるスペースがあって，太陽光
発電の体験学習コーナーがあります．ですから，試合のない日もエネルギーの勉
強に子どもたちがやってくるのです．

　皆さん，ドイツのことはよくご存知かもしれませんが，マインツという町は余りご存知なかったのではないかと思います．僕も仕事柄ドイツには行く機会が多かったのですが，マインツってどこだっけと，そんな小さな町だったのですけども，このマインツという街は，街がスタジアムを建てて，地元クラブを支援して，シティプロモーションとしてクラブを利用しているのです．岡崎慎司選手や，今，武藤嘉紀選手が活躍していますが，極東の日本でも「マインツはフランクフルト空港から 20 分くらいのところ」と知られるようになりました．スタジアムやクラブを利用して世界に打って出た代表格です．

　アジアでも中国が動き始めています．Ｊリーグの 7 倍ぐらいの放映権料で動いていますから，本当にうかうかしていられないと思っています．スポーツの産業化でスタジアムの話が湧き上がるのは必然なことです（**表 1**）．

7）今の社会に必要なスポーツ

　今日はビジネスに寄った話が多いのですが，1 つだけ忘れてはいけないと思っていることをお話します．現代は孤独の時代といわれています．パソコンや携帯電話やコンピュータゲームに向かう時代で，画面の向こうの知らない人が友達です．青空の下で一緒に応援して，飛び跳ねたり，歌ったり，そういう機会がものすごく減っています．自分たちの街の名前を叫ぶ，このような光景がスポーツの応援スタンドにしか見られない，今の社会において非常に大切な，ある意味奇跡的な空間なのです．

　おかげさまで長野・吹田・北九州と日本も動き始めました．私もこれらのスタジアム建設には一緒にかかわってきました．日本の国内各地でも，サッカースタジアム構想が水面下で湧きあがっています．各自治体の首長が国に対してサッカースタジアムの建設財源について要望を行っています．土地の問題や自治体の地方条例といった壁を打ち破らないといけない問題，あるいは民間側でもスタジアム経営のプロフェッショナル人材の不足とか，いろいろな問題がある中で，先ほどスポーツ庁の平山さんからお話がありましたように今年 2016 年，国や政党がスポーツのスタジアム＆アリーナ改革に着目をしていただいて，初めて国策の中にスポーツが入りました．これはスポーツ界にとって驚くべき，歓迎すべきありがたい動きです．

　スポーツ施設が抱えている課題について，すでにご承知のことが多いかもしれま

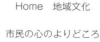

Home　地域文化

市民の心のよりどころ

故郷，宝，誇り，
ホスピタリティ
（もてなす心）

地方創生

スタジアムを核としたまちづくり

都市機能，スポーツ環境，
地域活性化の核

ありがとうございました

スポーツで，もっと，幸せな国へ
J.LEAGUE 百年構想

図5　地方創生：スタジアムを核としたまちづくり

せん．ただし，これを国が表に発信したことに，私は本当に驚いています．これが官邸ホームページからクリックすれば出てくるというところにパンチ力を感じます．

　先ほど平山さんがご紹介された，このスポーツ未来開拓会議の中間報告というレポートはぜひご覧になってください．スポーツの産業化を進めていく中で，「公民連携」という言葉がキーワードとなってきます．Jリーグも，プロクラブがもっともっと成功して，そこで産んだ利益がどんどん地域の中で還元されなければいけない．他のスポーツにも還元されなければいけないと思っています．

　海外でも公民連携のスタジアム建設の事例があります．いろいろなアイデアがその中に見受けられます．海外ではスタジアムがポンポン建っているように見えるかもしれませんが，どの国でもスタジアム建設の道のりには苦労があります．

　私たちは，地域が抱えているさまざまな課題は，Jリーグと一緒に解決できる道があると考えています．スポーツが地域のお役に立てたときに初めて，スポーツを核とした「地方創生」が実現できるのではないか，地域の皆さんの心の拠り所になれるんじゃないか，そういうふうに思っています（図5）．ありがとうございました．

質疑応答

（質問者）　吹田スタジアムが官民パートナーシップの先駆事例としてあげられているように，官民一体で街づくりとしてのスタジアムへと動いておられると思います．スポーツ庁の平山様が言ってくださったように，そのスタジアム・アリーナの改革というのも公共の方でも動いておられる中で，Jリーグとしては行政へ具体的にどのような働きかけをされているのでしょうか．

（佐藤氏）　Jリーグ自体がスタジアムを建てるということはありません．それぞれの街の中で，行政とクラブと地元の民間企業がスタジアム建設に向き合うのですが，ビルやマンションと違って，スポーツ施設は建設案件が少ないので，行政や建設業界にノウハウがありません．Jリーグはこれまで，スポーツ施設についての研究をずっと進めてきましたので，考え方だけでなく，設計図面と向き合うこともあります．完成後のマネジメントについても相談を受けます．

　　そのような中で助言というかアドバイスさせていただいています．一方で，クラブライセンスシステムという制度もあって，ひどいスタジアムですとJリーグの試合が開催できない，Jクラブとしての資格が与えられません．陸上競技が公認施設でないと記録が認定されないことに近いかもしれませんけど，世界基準に基づくクラブライセンス制度の基準をお示ししながら施設改善を促していくという働きかけもしています．

（司会者）　それでは続きまして，花内様からご講演をいただきたいと思います．よろしくお願いします．

3．スポーツ産学連携＝日本版 NCAA 　～スポーツマーケティングの立場からみた大学スポーツの重要性～

（花内　誠）

　こんにちは．電通の花内です．家で同志社っぽいネクタイがあったのでしてきたら，ちょっと色が違うと言われちゃったんですね．すみません．広告代理店に勤めております．今回，平山さんと3人で同志社に伺ったんですけれども，佐宗邦威さんという方が本の中で，イノベーションのためには3つが必要であると

花内　誠氏

言っています．1つはまずビジョン，2つ目がエンジニアリング，3つ目がビジネスなんですね．要は新しいことを構想してビジョンを描き，それを実際に実現させるエンジニアリングがなくちゃいけない，さらにそれをビジネスとしてやっていかないと人間社会では継続性が生まれないということです．今日のこの3人が，スポーツ庁の構想という形で，まず平山さんがビジョンを描かれていて，実際に成功事例としてJリーグという形で，エンジニアリングの事例を見せられました．そして，実際のビジネスという所で電通というのを示されました．ビジネスの所は大体汚い商売が多いので，お前らばっかり金稼いでずるいじゃないかと電通はいわれるんですけど，こんなことをやっているという事例だと思ってください．

　電通での仕事を紹介いたしますと，皆さんの中で「ねるねるねるね」を食べたことがある人いますか？　「ねるねるねるね」食べたことない？　「ねるねるねるね」を知らない人いますか？　僕が入った年に新入社員で開発したのが「ねるねるねるね」なんですね．幼稚園児から小学校2〜3年生向けの実験菓子シリーズというので，水を入れてぐるぐる回すと色が変わっていくというお菓子があるのですけど，子どもにとってはたまらなく好きなお菓子でいまだに売れ続けています．それが僕の最大のヒットじゃないかと思っています．その後，2002年頃にはワールドカップが来るぞというので，スカパーに行ってワールドカップの中継をやっていました．終わったらもうやることがなくなっちゃったので，電通に帰ってきてスポーツをやって，最初は宮里藍さんのマネジャーをやって，その後ワー

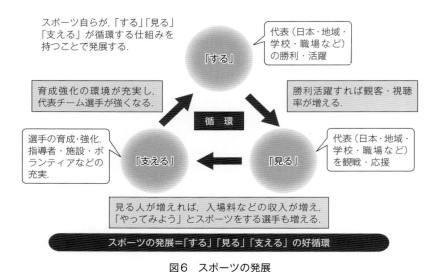

スポーツ自らが，「する」「見る」「支える」が循環する仕組みを持つことで発展する．

代表（日本・地域・学校・職場など）の勝利・活躍

「する」

育成強化の環境が充実し，代表チーム選手が強くなる．

勝利活躍すれば観客・視聴率が増える．

循環

選手の育成・強化．指導者・施設・ボランティアなどの充実．

「支える」

「見る」

代表（日本・地域・学校・職場など）を観戦・応援

見る人が増えれば，入場料などの収入が増え，「やってみよう」とスポーツをする選手も増える．

スポーツの発展＝「する」「見る」「支える」の好循環

図6　スポーツの発展

ルドベースボールクラシックを立ち上げて侍ジャパンというブランドを作ったり，この間まではBリーグをやって，今はアリーナ，大学スポーツという形でやっています．基本的には10のものを20，30に伸ばすというよりは，ゼロのものを1までいかないですけど0.5ぐらいにするのが僕の特徴というふうにうちの会社ではいわれています．

1）スポーツ界が発展するには

　最初に先ほど平山さんからご紹介がありましたけど，大学スポーツ振興検討会議で発表させていただいて，その後自民党の会議で発表させていただいた6月のバージョンのお話です．まず，スポーツ界は対立構造にあります．教育とビジネス，プロとアマチュア，体育とスポーツという形で，もめ続けるというのが現状です．スポーツの発展は，先ほどイノベーションには3つの要素が必要だといいましたけれども，スポーツの発展は，する・見る・支える，の3要素が必要です（図6）．

　3要素がバラバラではダメなんです．するだけが伸びる，見るだけが伸びる，支えるだけが伸びるというのはダメで，すると見ると支えるがぐるぐる連環しなきゃダメなんです．学校の代表や日本の代表が活躍する，それを見る人たちがい

る，見る人たちがいるから入場料が増えてやってみようという人たちも増えて，支える人たちが増える，支える人たちがいるから環境が充実して選手が強くなって，選手が強くなるからまた見る人が増えるというこの循環が生まれないとダメだということです．ところが，する・見る・支えるというのが，こういうふうにスポーツが真っ二つに分かれていて，すると支えるだけのいわゆるアマチュアと，教育，体育という形になりがちになります．つまり，見るというお金を稼ぐビジネスが否定されてしまってきた歴史があって，結果これがうまく循環していないということです．私がビジネス側から説明というかお願いをしているのは，これもちゃんとやらないと，お金が回りませんよ，ここをやるからぐるぐる回しましょうというお話をさせていただいています．好循環のためにはどっちが大切だというのではじゃなくて，両方大切ですよという話です．

2）これからのカギは大学スポーツ

　特にその中で，大学スポーツという所がカギを握っているというふうに思っています．オリンピックの日本代表に占める大学と大卒者の割合ですね．緑が大学生，青が卒業者．アトランタで1回下がりましたけれども，その後ずっと伸びているという状況になります．オリンピアンの3分の2は大学スポーツが輩出しています．Jリーグにおける大卒選手も，高卒と自分たちのユース，他のユース，大卒とあり，大卒者が40.6％．ユースというシステムを持っているJリーグでも，大学選手，特にJ2なんかは特に大学生が多いというふうになっています．する・見る・支えるの中で，する・支えるという所で大学が果たしている役割は非常に大きいわけです．ただし，そのときに，大学も，見るという所をちゃんとやれば循環できるのではないでしょうか．大学スポーツの中，それから大学スポーツの外に対して，2つの見る役割があるということです．これが日本版NCAAという表現になってこの後，独り歩きをしてしまって，今それをどういうふうに持っていくかというのを考えている所ですけれども，日米との差というのがあります．総収入のうち事業収入の割合です．日本の場合，国公立は0％，私立大学でも2％ぐらいですね，事業収入は．アメリカの私立大学というのは10％ぐらい事業収入があります．病院を持っていたりするとちょっといろいろ違いますけれども，特に大学のスポーツ収入でいうと，例えばオハイオステイトなんていうのは，総収入が2,000億円で，スポーツが105億円ぐらい稼いでいます．テキサスも大学

の中に 10 万人のスタジアムがあります．テキサスロングホーンズというんですけれども，総収入がざっくりいうと 161 億円です．J リーグで一番稼いでいる浦和が 60 億円です．浦和の 3 倍ぐらい稼いでいるということですね，大学が．

3）アメリカと日本の違い NCAA

アメリカと日本の違いというので，NCAA というのがあります．全米の大学が 2,300 ある中で 1,200 が加盟しています．NCAA のいわゆる協会の収入が 1,000 億円，大学スポーツ全体の収入は 8,000 億円ぐらいだと推測されています．日本には NCAA に相当する組織はありません．種目ごとの学連に分かれています．学内の組織としてはアスレチックデパートメントというのがあって，100 億円以上も稼ぐところがありますけれども，ポイントは下の方のカンファレンス，NCAA2 というのはもう NCAA の一部じゃなくてずっと下の小さな大学ですけれども，中央値でも年間大体 5 億円ぐらいはスポーツ収入があります．

日本の場合は体育会という形で，学生中心の運営になっていることが多いです．施設もアリーナまたは体育館兼用アリーナになっていますが，日本の大学は観客席がある所は少ないです．NCAA はグラウンドも大学ブランドでカレッジ（アイレッジ）で統一していますけれども，日本の場合は部ごとに違ったりしています．試合制度も，アメリカは基本的にはホームアンドアウエーで開催をしているけれども，日本の場合はセントラル開催という違いがあります．

大学のスポーツの好循環のポイントというのは，このする・見る・支える，でいうと，皆で応援しやすい観戦環境，施設ですね，統一された大学のブランドであったり，ホームでの開催という形であったり，学生が見に行きやすいということです．体育局にスポーツビジネスの専門家を雇用して，観戦環境やブランドの管理を行って入場料やスポンサー収入を増やして，スポーツ環境の整備を促進しています．なので，循環していくということです．施設とブランドの管理を行うことで収益を上げて，それを学内のスポーツ環境の整備に充てています．

セントラル開催の話ですけれども，基本的には日本は東京六大学が最初にこの形をとったので，こういうふうになっています．ただし，元々は東京六大学もホームアンドアウエーだったんです．余りに人気が出すぎて，危ないので中止になって苦肉の策として生まれたのがセントラル開催なので，実はあのまま，もし日本がホームアンドアウエーで開催を続けていれば，今頃，日本中の大学には野球場

があって，日本中の大学にはひょっとしたらサッカー場があって，そこには観客が入っていて，アメリカ以上の盛り上がりを見せていたかもしれません．

4）スタジアム・アリーナ

　私はアリーナスポーツ協議会というのもやっていて，いつも佐藤さんがスタジアムの話をしてアリーナの話は私がするというバージョンなんですが，これがさっき言ったNCAA2部の大学です．1部では2万人収容のアリーナなんかを持っている所もありますけれども，下部，これは5,000席です．すり鉢状になっています．これが，ちょっと見にくいですけれど，こういうふうに畳まれるんです．つまり1階はパパパッと畳む，そうすると，ここ全部使えますね．これはバレーボールをやってますね．3面ぐらい取れます．2階も畳めちゃう．2階を畳むと裏側にバスケットコートができて，当然こっち側も畳めるしここも畳めるし，こっちも畳めるという形になっています．つまり，普段は全部練習や授業で使っておいて，土日になるとパパパッと作ってすぐにイベントができるという形です．

5）体育館兼用型アリーナ

　これを僕らは体育館兼用型アリーナという表現にしています．体育館とアリーナを3つの分類に分けていて，アリーナ型アリーナと，体育館兼用型アリーナと，トレーニング型体育館というふうに分けています．日本の体育館はほとんどこれです．アリーナ型アリーナもちょっとあります．体育館兼用型アリーナはほとんどありません．アメリカの大学では一般的ですけれど，日本ではものすごく少ないですね．うまく3,000人から7,000人の体育館兼用型アリーナを持っていると，コンテンツ，音楽だけではなくてスポーツも2,000人，5,000人，1万人というふうに育ちやすいというふうになっています．

　音楽コンテンツの考え方で今2,000，5,000，1万という話をしましたけど，今は音楽というのはレコードやCDよりもライブでお金を稼ぐという時代です．僕らが大学生の時には，ユーミンは，コンサートはプロモーションであって利益はレコード・CDで出すと言っていました．でも今はレコード・CDはだんだん売れなくなっているんですね，デジタル配信時代だから．みんな定額で聞けちゃう．ただしライブの数がもの凄く伸びています，入場者数が．つまり，レコードやCDはプロモーションとして出して，ライブでお金を儲けるというのが音楽業

界です．何が大変かというと，イベントをやってお金を稼がないといけないから，施設が足りないのです．

　しかもさっき言ったように，トレーニング型体育館でイベントをやるのは大変なので，もっとたくさんアリーナが欲しいというのが音楽業界です．音楽業界って一番最初はライブハウス，この前に道端で歌っている人たちもいますけれども，彼らが最初はライブハウス，そこから客が増えてくるとホール，アリーナクラス，ドーム・スタジアムクラスというふうにランクアップしていくんですね．箱によってアーティストのクラスがわかる．つまり箱が用意されていないとアーティストもステップアップしづらいのです．日本はこのアリーナクラスがすごい数が少ないので，ホールで2,000人ぐらいが満員になるといきなり武道館でやっちゃいますというアイドルがいますけれども，要はああいうことが起きちゃいます．結構それはリスクが大きいということですね．コンテンツを育てるリスクが大きいのです．

　大学の体育館が体育館兼用型アリーナだったら，月曜日から金曜日まで授業をやっておいて，土日を運営権でコンセッションとして貸し出して，大学がお金を儲けるという方法もありますね．ただし，体育会はどうすればいいんだという問題はありますが．

　スポーツ組織として日本は実はマネジメントはスポーツオペレーションがほとんどです．マネージャーと言われている人は競技をサポートします．ところがNCAAとかアメリカでは，ビジネスアドミニストレーション，いわゆるこの人は選手の方を向いていないんですね．見に来るお客さんだったりスポンサーの方を向いています．この人がいるかいないかというのが，非常に組織としては大きなポイントです．同志社も体育会の中にこういう人がいますか．同志社の大学の中にこういう人を作っていかないと，組織として回らないということです．

６）大学スポーツの実例

　3つ目は，大学のスポーツの活性化の実例です．大学の施設をプロチームが使用する例が，アメリカではいくつかありました．ブルックリンネッツというのが今最新鋭の体育館になっていますけれども，1977年から1981年ぐらいはラトカーズの大学体育館を本拠地にしていました．ロサンゼルスギャラクシーも，カリフォルニア州立大学のドミンゲスヒルズ校ですね，スタブハブセンターという

所に 2003 年から本拠地を移しています．大学チームがプロになっている例もあります．サッカーでメキシコのユニベルセナショナルプーマスというのは，メキシコ最大の大学，メキシコ国立自治大学が設立母体です．イスタンブール大学SK というのはトルコの女子バスケットボールのチームですね．プロとアマの垣根というのは，もうほぼないんです．なでしこリーグも日本体育大学の女子でしたっけ，その人たちが参加し始めているし，いろいろな形でプロとアマというのは連携しています．

7）プロと大学の連携の例

プロと大学の連携という形で，例えば作新学院大学は宇都宮ブリッツェンというプロ自転車チームと提携を結んでいます．ここが面白いのは，する・見る・支える，を実施するために，部の運営をいわゆる競技班だけではなくて，広報班，旅行班，支援班，水陸班，氷上班というふうに分けてですね，部を運営しています．これは今度のB リーグで日立，今度渋谷サンロッカーズという名前になるんですけれども，体育館がないぞというので，青山学院大学の体育館をホームアリーナにしました．渋谷区と私が行っているアリーナスポーツ協議会が連携して行います．

つまり，日立が青山学院大学の体育館を使うということです．でもそうすると青山学院大学の体育会が使えなくなってしまいます．そうすると，体育会には渋谷区が渋谷区の体育館を体育会に貸しましょう，そのかわり渋谷サンロッカーズという名前に日立は変えてくださいね，という話をしてこの提携をまとめました．今後は一緒に非営利型の一般社団法人で，ソシオ渋谷というのを作って，ユースチームだとかスクールだとか，それからファンクラブだとかも一緒にやっていきましょう．バスケだけじゃなくて青山学院大学のバレー部，女子バレーがすごく強いので，バレーもやりましょう，駅伝もやりましょう，何々もやりましょうという話，という形の展開です．

8）日本型のスポーツ環境を作る

大学スポーツ活性化への提言ということで，アメリカ型の NCAA の存在と先ほど佐藤さんからヨーロッパのサッカーの話がありましたけれども，ヨーロッパは全部地域クラブですね．アメリカは学校にスポーツ施設があります．ヨーロッ

パは地域にスポーツ施設があります．じゃあ日本はどうする，どっちかを選択しなければいけないのでしょうか．ただ，日本は地域にも学校にも両方スポーツクラブが今あるんですね．そういう意味で言うと，アメリカやヨーロッパよりも，ひょっとしたら日本の方が恵まれた環境にあると考えられます．でも，なんでじゃあそれが上手くいかないのか，という話で，アメリカとヨーロッパの良さを両方とも良い所だけ，いいとこ取りをする日本型のスポーツ環境を作っていきましょう，というのが提案です．佐藤さんの話にもありましたけど，スポーツはコミュニティ，シンボルです．NCAA の調査によるとスポーツを見るということは，コミュニティの一員であることを確認する行為であるということです．この中で同志社の大学スポーツを応援に行ったことがある人いますか？　何を見ましたか？

（学生 A）　アメフトです．

（花内氏）　どことの試合ですか．

（学生 A）　京都大学です．

（花内氏）　京大ですか．じゃあ，彼女は．

（学生 B）　野球です．

（花内氏）　野球，同立戦じゃなくてですか．他に何人かいましたね，見た人．
　　　　　応援ですか，あなたは．

（学生 C）　野球です．

（花内氏）　野球，わかさなんとかというスタジアムですか．

（学生 C）　そうです．

（花内氏）　見に行った人は，自分たちは大学の一員であるというのを強く意識するとか，コミュニティの一員であるということを強く意識するというデータです．する・見る・支えるという，見るという所を切り離すんじゃなくて，スポーツが大学のコミュニティのシンボルであるという考え方です．できれば，大学だけじゃなくて地域のシンボルになっていれば，さらに良いですね．大学のスポーツ施設は未利用資源であるという考え方がありますから，土日に興行を行う体制が取れれば，年間数千万から数億円稼げる施設も結構あるでしょう，というふうに思っています．何度も出てくるこのぐるぐるの循環ですけれども，ぜひ皆さん覚えておいてください．この中でいろんなことが大学スポーツの発展ができます．ここまでが一応最初に出したバージョンで，ここから先が 2 回目の自民党への話のときに付け足したものです．

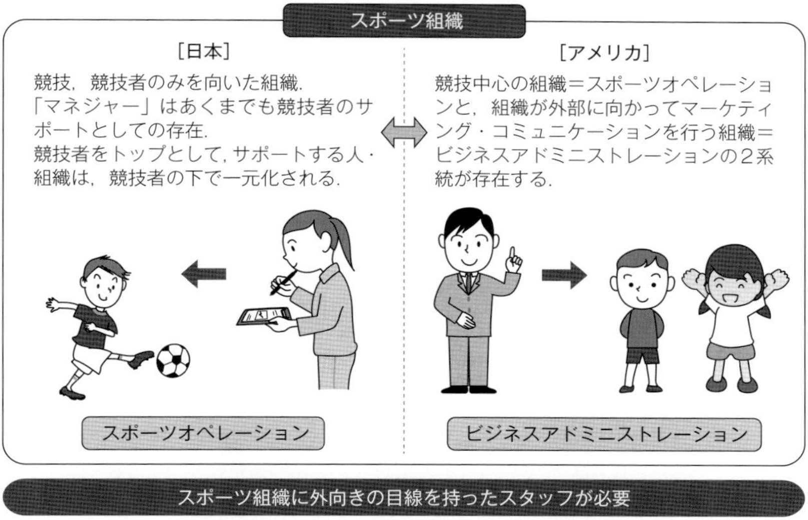

図7　スポーツ組織の違い：サポート組織の目線

９）スポーツアドミニストレータの設置

　スポーツアドミニストレータというのを設置したらいかがですか，という提案です（図7）．先ほど言った体育をやる体育の先生ってもうすでにいるので，スポーツアドミニストレータというのを設置したらどうでしょう，ということです．スポーツアドミニストレータというのは，リサーチアドミニストレータというのがすでに大学には存在する場合があります．それのスポーツ版ということです．要は，する・支える人たちが専念できるようにビジネス面を担ってくれる存在という形です．

　これはリサーチアドミニストレータの事業イメージで，文部科学省が補助金を交付してリサーチアドミニストレータを最初の何年間かのお給料は文部科学省が出すからやりなさいということです．リサーチアドミニストレータというのは，大学が研究している成果を企業に紹介したりする人たちですね．そういうビジネス面を行っていくと大学の収入が増えるから，収入が増えてきたらリサーチアドミニストレータの給料はその収入で賄いなさいという話です．スポーツでもまったく同じことができるでしょうという形で，体育会や競技スポーツセンターと別にスポーツアドミニストレータというのを作って，この人たちが支援するという

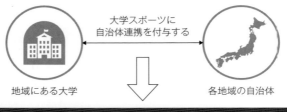

・スポーツ拠点は，「アメリカ＝学校，ヨーロッパ＝自治体」の傾向にある.
・日本の大学スポーツは拠点になりうるが，「見る」という機能の欠如，自走に
必要な規模不足という課題がある.
・これの解消には，**今の大学スポーツに自治体との連携を付与することが最適解**
と考える.
・自治体だけ，あるいは学校だけにその負担を負わせるのではなく，
自治体と学校が連携した「スポーツ拠点」となり，学校スポーツ施設を整備・
利活用することで，スポーツを発展させ，国民の健康を増進させる.

大学スポーツに
自治体連携を付与する

地域にある大学　　　　　　　　　　　　各地域の自治体

日本の目指すべき日本版NCAAとは，日本版ゴールデンプランである

図8　自治体と学校の協力する日本版ゴールデンプラン

形が良いんじゃないでしょうか，という提案をしています．1億総活躍に向けて
という形で，ここまでが出したものです．ここから先はまだ平山さんにも見せて
なくて，今日初めて出すので，こんなことを私は考えてないわよと後で言われる
かもしれないですが，そのつもりでお聞きくだい.

10）日本のスポーツが発展するための日本版ゴールデンプラン

　日本版NCAA＝日本版ゴールデンプランという考え方です（図8）．大学ス
ポーツが日本を変える．先ほど日本版NCAAの話をしたら，NCAAなんて日本
では無理だよ，大学スポーツなんて誰も見に行かないよ，今皆さんの中でも
半分ぐらいしか見に行ってないですよね，自分たちの仲間のスポーツを．そんな
所がビジネスになるわけないじゃんというのが主な反応です．僕が言いたいのは，
どうやったらもっと日本のスポーツが発展していくのか，それは先ほど言った
アメリカ版のNCAAを日本に持ってくるということを言っているわけではなく，
あくまでも日本版のNCAAを作りたいということです．それって日本版のゴー
ルデンプランのことですよということです.

11）ゴールデンプランとは

　これは，ドイツが1950年から1970年ぐらいにかけて国の政策で，ドイツ中にスポーツ，シューレというスポーツクラブや施設を作りました．その後トリム運動というのを展開して，国民のみんながスポーツができるようにする政策です．日本のスポーツ界を伸ばすキーワードは日本版NCAAって説明を先ほどしましたが，日本の目指すべきNCAAとは単に組織体のことではなくて，大学全体のスポーツのあり方，つまり日本版NCAAというのは，先ほど言った学連を一つに集めた大きなものを作る，それが日本版NCAAです，ということではないんです．大学スポーツのあり方を変えていくというのが日本版NCAAだということです．

　日本が目指すべき日本版NCAAというのは日本版ゴールデンプランなんです．つまり，日本は地域にある大学にスポーツ拠点を置けば，ゴールデンプランがドイツよりもかなり安くて簡単にできるんじゃないかって勝手に考えています．自治体だけ，学校だけに負担させるんではなくて，それぞれが協力をしてやっていくというのが日本版ゴールデンプランとしてやれるんじゃないでしょうか，というふうに考えています．

12）一極集中していない関西圏にある大学の可能性

　今回，関西に僕が来てみて，東京よりも関西の方が可能性が高いなというふうに思いました．つまり，東京の大学って早稲田は今所沢にあったりするんですけれども，埼玉県なんですね．でも早稲田の学生は，自分は埼玉の学校に通っているなんて思ってないんです．早稲田は東京にあるんだ，俺は東京の大学に入ったんだというふうに思っています．慶応の学生も湘南藤沢といって，東京から1時間以上かかる所にあるんですけれども，藤沢の学生だなんて思ってないです，俺は慶応に入ったと．同じように立教や明治も，みんな東京だと思っているんです．なので，対抗軸が作りづらいのです．

　ただ，関西の場合は京都であったり大阪であったり神戸であったり，という形で一極集中になっていません．さらには奈良もあって滋賀もあって，それぞれの大学がそれぞれの地域にある一定以上密着しているので，地域を巻き込んでの活動がしやすいはずです．そう考えると，これを契機に大学のスポーツ施設を地域とどう開放するというか，どう繋げて，どう利用させて，地域住民をどう巻き込

むかということを考えると，かなり面白いことができます．

　先ほど大学のスポーツが日本のスポーツ界を変えるというふうに言いましたけれども，さらに突っ込んで言えば，関西の大学スポーツが日本のスポーツを変える可能性があります．さらにもっと言えば，同志社がやれば日本のスポーツを変える可能性があるということであります．来るときにちらちらっと施設を見ましたけれども，ちょっと残念なのは街側から反対側の山奥側に施設の中心があります．本来であれば一番街側にスポーツ施設があって，地域住民が使いやすい形になっていた方がいいんでしょうけれども，アクセスをどうするか，佐藤さんもおっしゃってましたけれども，どういうふうに地域住民がアクセスされるか，どういうふうに体育会がそこで一緒にやっていくかということを考えると，かなり面白いことができるだろうと思います．

13）ゴールデンプランのもう一つの利点

　先ほどちらっと言いましたけれども，ゴールデンプランというのは，ドイツのスポーツ振興です．ドイツのスポーツクラブ人口が 600 万人から 2,600 万人に増えました．1 兆 1,000 億円の投資で増えたのがあって，これでかなり運動をして医療費が削減されたと言われています．実際は日本版 NCAA，日本版ゴールデンプランが実現する未来ということで言うと，競技力が向上します．持続的なスポーツ拠点，する・見る・支えるが連続します．大学を拠点にすると，スポーツ科学で最先端のものをトレーニングに活かすことができます．民間の，民間というか自治体の体育館で練習していても最先端の機能なんてないわけです．でも大学だったらそれがあります．

　地域社会の未来として，全国に国公立大学，私学を入れると 800 校の大学がありますから，全部じゃなくてもその一部がやるだけでも日本版ゴールデンプランとしてコミュニティが充実し活性化することができるんじゃないかと思います．さらに，国民の健康寿命が延びますよ，経済も伸びますよ，良いこと尽くめになるはずです，という大風呂敷を広げて私の話は終わりにさせていただきたいと思います．以上であります．ありがとうございました．

質疑応答

　（質問者）　たいへん貴重なお話をありがとうございました．ご質問させていた

だきたいのですが，NCAA のアメリカでは収益構造というのがとても確立されていると思うんですけれども，日本版 NCAA となったときにそういった具体的な何か収益構造の施策とか，そういったことは何かあるんでしょうか．

（花内氏）　今の NCAA の収益構造が昔からあったわけじゃないんですね．これほど NCAA の収入が増えたのは 1990 年以降であって，1960 年代や 1970 年代はアメリカの中でもアマチュアリズムというのがまだ根強く残っていました．ただし，彼らはその中でも細々と収入をきちんと得て，それを再投資してきているという点があります．なので，日本とそんなに差があったわけではない．なので，日本もやればできると思います．実はその収益構造の中で言うと，J リーグよりも大学スポーツの方が収益構造上圧倒的に有利です．なぜならば，選手にお金をまず払わなくていいのです．監督・コーチの費用も基本的には払わなくていい，施設もほぼ自前で持っています．問題は見るという施設がないだけなので，スタンドさえ作ればあとは収益構造はでき上っています．大学のスポーツなんか見に行かないよと言ってるのは，なぜ見に行かないのか，どうやったら来てもらえるのかを考えればいいだけで，J リーグができるまでサッカーを見る人なんか誰もいなかったですから，僕は横浜の三ツ沢育ちなのでサッカー見てましたけど，選手の方が人数多かったですからね．お客さんなんか誰もいない所でやってましたから，サッカーJ リーグを作るんだと言ったときに，そんなのできないよとみんなで言ってた話と今の話はまるっきり同じだと思います．それを作ればみんなが来る，というふうに思います．

（司会者）　講師の皆様，貴重なお話をありがとうございます．本日はこちらにあるとおり，わが国の財政および経済状況を踏まえたスポーツの国家戦略とは，新しいスポーツビジネスを作るために国ができること，という演題で会を進めてまいりました．平山様からはスポーツ産業の活性化に向けたスポーツ庁の取り組みのお話をいただきまして，その具体的な事業として佐藤様からは J リーグが推し進めるスタジアム戦略のお話を，また花内様からは大学スポーツの活性化についてお話をいただきました．それでは今から短い時間となりますが，フロアの皆様から質問を何点かお聞かせ願いたいと思いますので，何か質問やご意見ご感想などある方は挙手をお願いいたします．

質疑応答

（質問者）　ありがとうございます．花内さんに質問なんですけれども，日本版 NCAA ということで，すべての大学をアメリカはガバナンスというかまとめているというイメージだったんですけど，日本版 NCAA はそういう日本の 800 の大学全てをまとめるというのではなく，各大学で収益構造をうまく作っていってね，というような進め方なんでしょうか．

（花内氏）　人によって日本版 NCAA の考え方が今はまだ異なっている時期だと思います．スポーツ庁さんの中でもすべての大学を統括して組織化するべきだと考えていらっしゃる方もいるでしょうし，そうじゃない方もいらっしゃる．私の考えでは，今言ったように，大学が自主的にやりたいと言っている所をピックアップしてやるべきだろうと思います．アメリカも 2,300 の大学のうち，NCAA に入っているのはそのうちの半分以下の 1,200 しかありませんし，日本の 800 の大学も総合大学だったり単科大学だったり，あるいは工業大学だったり，医大，医学部だけの学校だったりもあるので，すべてに NCAA 化を求めるというわけではないと思います．あくまでも希望する所だけをやるべきだと思うし，ただし大学にとってそれがメリットのあることになるようにしていって，あくまでもプレイヤーはいわゆる大学で，大学がきちんとスポーツと向き合うということが一番重要じゃないかなというふうに思います．

（質問者）　ありがとうございます．

（花内氏）　追加しますと，同志社は体育会と呼んでいるらしいですけれども，体育会の組織って大学によって違います．東京大学は運動会という名前で，大学に入ったときに 4 年間分の運動会費を全学生から徴収します．なので，体育会の部員以外も，一般学生も実は運動会員なんです．しかも運動会が社団法人だったかな，財団法人だったかな，法人格をすでに持っています．そこにお金がちゃんと入って，彼らはそれを使ってやっていくという仕組みになってたりします．他にも文科系クラブと一緒に，校友会という形で組織化されている所もあるし，体育会を大学がきちんと運営している所もあれば，まったくそれは学生の自治でやりますと言ってる大学もあって，そういう意味で言うと大学によって状況がずいぶん違います．ただし，日本版 NCAA という考え方をしたときには，ある程度の基準を設けて，先ほど言ったスポー

ツアドミニストレータを設置していないと日本版NCAAには参加できませんよ，日本版NCAAに参加するのを条件に，例えばスポーツアドミニストレータを派遣しましょうだとか，そんな形になっていくんじゃないかなと思います，これは個人的な意見ではありますが．

（質問者）　ありがとうございます．

（司会者）　ありがとうございます．他に質問のある方いらっしゃいますか．はい，お願いします．

（質問者）　貴重なお話ありがとうございました．同志社大学のスポーツ健康科学部を卒業して，今，公共政策系の大学院で勉強しております．平山さんに特にお聞きし，もし他のお二方でも意見があればお聞きしたいんですけど，こういったスポーツ未来開拓会議のようなことを進めていこうと思ったときに，ある意味学校スポーツとの関係というのも非常に重要なのかなと思っています．学校スポーツというのも例えば体育とか部活動とか，運動会みたいなものもスポーツ，小中高生がスポーツを携わる意味で，体験する意味ですごく重要なのかなと思うんですけど，今現時点で，未来開拓会議のお話とかを見ていく中で，学校体育のような日本のスポーツの特徴というのを活かしつつも，じゃあ具体的にあまり教育政策的な所をどうするのかという話があまりないのかな，という印象を持っているんですけれど，そのあたりに関しての課題とか，あるいは民間スポーツのお立場から見てどうしていくことが必要なのか，といった所で何かお考えがあれば教えてください．

（平山氏）　さすが大学院生でいらっしゃって，すごく良いポイントをついてると思います．実は日本のスポーツは学校の部活動で支えられてきているんですね．皆さんご存知のとおり，国民のほとんどのスポーツ経験は，学校の体育と運動部活動によって培われた経験を基にその人のスポーツライフが決まっています．そして，スポーツが嫌いだという人が非常に多いというのも日本の部活動や体育に問題があるのではないでしょうか．というのは，これはもうずっと前から言われていて私は平成10年から平成28年までのこの18年間，スポーツ行政を追っているんですけれども，そこで言われている体育・運動部活動での議論は基本的には同じなんです．生涯にわたって豊かなスポーツライフを送るために必要な知識・教養を身に付けるというのが

日本の学校体育ですし，部活動もその延長線上で，さらにスポーツ活動を活性化させるという意味で部活動も行われています．それなりに施策もずっとやってきている．しかし，スポーツ実施率は上がりません．課題としては，もちろんスポーツ庁全体で認識していますし，中央教育審議会という所で，必要な体育の指導方法の変更なども今も議論しています．しかし今それを私たちが議論したところでさらに新しいスポーツシーンというのを築けるかというと，もうそれは散々議論し尽くしてきたことなので，今ここではあえて手を付けませんでした．逆に言うと，今ここで話した佐藤さんの議論とか花内さんの議論なんていうのは，私はこの18年間スポーツ行政に携わっていて1回も聞いたことがないんです．今初めてこうやってスポーツ行政のど真ん中で，これが日本の政策ですっていうふうに皆さんの前でプレゼンできるというのは，この18年間のうちで私は初めてだし，私が来る前ももちろんそんなことはありませんでした，体育中心のスポーツ政策だったので．だから，すごく本当に今非常に新しい所にいて，今までやり続けていた体育行政，学校体育，運動部活動，それについての課題は従来と同じように引き続きちゃんと取り組んでいきます．しかし，今まで何も手を付けていなかったこの新しい分野を開拓することで，日本の新しいスポーツシーンを作っていきましょうと，それをオリンピックレガシーというのにしていきたいなというふうに思っているんです．今ちょうど話が始まったばかりなのでまだ構想の分野ですし，実際に佐藤さんが紹介してくださったスタジアムがこれからどのくらいできるのか，まだまだ未知数なんですけれども，いろんな人を説得しながら日本のスポーツ界はこうあるべきみたいなものを，これからどんどんどんどん話しかけていきたいし，そういう機運を醸成していきたいと思っています．

（花内氏）　補足すると，日本版NCAAの話が見るに特化している，という意見があるのは僕らも十二分に認識しています．ただし，循環が重要なのであって，見るがボトルネックに今なっていますというのが僕の主張なんです．要するに見るという所が手つかずにいるがゆえに，支えたりするという所の発展もおぼつかなくなっているのが今の現状なので，当然支える・するについては今までと同じかそれ以上やるべきでしょうと思います．ただし，それ以上やるためにはお金が必要です．人も必要だし物も必要だし金も必要という

ことです．それをどこから持ってくるつもりですか，という話をしているつもりです．それを生み出すのがここなんで，ここの施策をしないと支えられないし，するという所もこれ以上進まないですねという話です．なので，日本版 NCAA と言うと，見ることばかり言ってて，なんだよ，するも支えるも入ってないじゃないか，という指摘をされても，すると支えるをやるために僕はこれを考えてるんで，これ抜きでやるというのはどうやってお金集めてどうやって物を造って，どうやってこれ以上強くしていくんですかということです．アメリカの大学があんなに施設が充実しているのに，日本の大学の施設ってみすぼらしいですよね．負けないようにするためにはここをやるっきゃないでしょうと，そういう話です．

（司会者）　ありがとうございます．もう一人ぐらい，お時間的に．はい，お願いいたします．

（質問者）　貴重なお話ありがとうございました．新しいスポーツメディアについてお話を伺いたいんですけれども，スポーツ未来開拓会議ではスポーツメディア協議会を設置してこれから話し合っていきますというような考えだと思うんですけども，今の段階でこの会議の中でどういう方向性に意見が行きそうなのかなとか，そういうアイデアといった方向性がもし話し合われるのであれば，アイデアとしてお話を伺いたいと思います．

（平山氏）　これはぜひ，電通の花内さんに補足していただきたい話なんですけど，こんなこと言ったら怒られるかもしれませんけれども，私たちの新しいスポーツメディアはやっぱりテレビじゃないんですね．プロ野球は今観客動員数を毎年更新しています．でも，テレビの放送時間は毎年減っています．でも，例えばパリーグの収入は毎年上がっています．前はテレビでコンテンツで放送することがスポーツのすべてだったんですね．とにかくテレビで放映してもらえなきゃ自分たちは社会的に認知されない，ということでいろんなスポーツが頑張ってきたんですけれども，これからはテレビだけじゃなくてやはりインターネットによるオンデマンドのライブ中継だったり，画像配信だったり，そういう所で見る方たちの満足度を上げていこうということです．単にスポーツを見るだけじゃなくて，今時速何キロでました，ゴルフだったら今打ったシーンをもう1回見たい，私は他の選手見なくていいから石川

遼だけをずっと見たいんだというのであれば，最初から最後まで石川遼だけを見られるゴルフツアーを見せてくれる，とかですね．今，実際にそういうサービスを始めようという動きが出ております．今回Bリーグ立ち上げにあたって，ソフトバンクさんが非常に大型の出資をしてBリーグが華々しく立ち上がったという経緯があります．これもやはりBリーグ，ソフトバンクとしては，Bリーグの将来性を見込んで，インターネットというメディアを使ってこれからバスケがどんどん面白くなるぞという収益性を見込んでのやっぱり投資なんですね．私が今言えるのはそこまでで，逆に言うとそれしか知りません．すいません．花内さんにもうちょっと加えていただけたらなと思います．

（花内氏）　結構難しい話なんですけど，メディアとスポーツというのは非常に密接に結びついていています．まず，新聞というメディアが一番先に手を付けたのは，アマチュア野球なんですね．高校野球だったり大学野球だったりです．もうすでに，この中の学生で新聞を取ってる人って多分1人もいないんじゃないかと思いますが，新聞取ってる人，おっ，1人いるんですね．でも，新聞を取る人ってもうほとんどいないじゃないですか．テレビですら，自分の家にテレビがない人がいます．メディアって新聞，ラジオ，テレビそれから衛星テレビ，それから今の時代というふうにメディア自体が動いてきています．この歴史的な背景をまず抑えてほしいです．アマチュア野球の後ラジオになって，ラジオの後すぐ地上波が始まるわけです，戦後．そこに乗っかったのが巨人軍であって，プロ野球なんです．その後，テレビ黄金時代がずっと続いていて，プロ野球の時代がずっと長くあって，1990年代まで．その後，生まれたのが衛星テレビなんです．WOWOWが始まって，中田英寿がローマに，ローマじゃないセリエAに行って，みんなでWOWOWに入ったという話です．そこからサッカーが衛星テレビでBSだったりスカパーだったり，でスカパーがワールドカップを買って放送するという形でやりました．そういう意味で言うと，サッカーは衛星テレビに乗っかってブームになったわけです．これは世界的にそうなんですけど．バスケの時には，今はウェブにメディアが移ってきているので，あるいはモバイルに移ってきているので，モバイルやウェブメディアになったときにはバスケが最も良いコンテンツですという企画書を僕は書きました．サッカーはどうしても引きの画が多いし，

選手をアップで撮るのが難しいですが，バスケは近いしそういう意味で言うとこのぐらいの画面でも見ることが可能です，というそういう書き方をしました．なので，ちょっと期待されている答えと違うと思いますけれども，メディアのそういう歴史的な背景と常にそれを利用してきたスポーツコンテンツというものの歴史的なものを踏まえて，今のスポーツコンテンツ側もメディアに対してアプローチをするし，メディア側もスポーツコンテンツ側にアプローチをするということが起きているというふうにお考えください．こんな感じでいいですか．ご勘弁ください．

（司会者）　はい，ありがとうございます．それでは，お時間が来ましたので質問はこちらで締め切らせていただきます．続きまして，最後になりますが講師の皆様から全体を通して一言ずつお言葉をいただきたいと思います．花内様からお願いしてよろしいでしょうか．

最後のメッセージ
・花内氏
　すいません，最後だろうと思って油断していました．先ほど言いました，本気で要は同志社がやれば日本のスポーツ，あるいは日本の社会全体を変えることは可能だと思います．それは学校の先生や職員の方たちだけに任せておく問題じゃなくて，ぜひ学生の皆さんで考えて，やれることは行動に1回移してみるというのが必要じゃないかなというふうに，無責任なことを言って終わりにしたいと思います．頑張ってください．

・佐藤氏
　皆さんと一緒に楽しい時間が過ごせて思い出に残るひとときでした．現状維持は後退だと僕は思っています．常に走りながら，今花内さんもお話しされましたが，走りながら考えて，どんどん変えてチャレンジしていくということが大切です．このスポーツというのは可能性をまだまだ秘めた世界ですので，みんなでこの国を塗り替えていければなと思います．ぜひ力を貸してください．お願いします．

・平山氏
　昔から，スポーツシーンで昔からまったく変わらないものもあると思うんです．

例えば，甲子園とか学校体育のときに被る紅白帽とかですね，体育座りとか，多分私の小さいときと皆さんと共有できるものがいっぱいあると思います．でも，スポーツについては，昔は想像できなかったことというのも生まれていて，例えばスポーツ庁ができました．過去において多分誰も信じてなかったし，できると思ってませんでした．私も平成10年からいると言いましたけれども，平成20年ぐらいまで全然信じてませんでした．それが今あります．オリンピックが来るなんて誰も信じてませんでした．花内さんはどうかわかりませんけれども，私たちはまさか来ないだろうと思ってましたが来ました．ということを考えると，今日のスタジアムの話だとか，昔ながらの競技場を陸上競技場だと，スタジアムだと思っている私たちですけれども，数年後にはあの素晴らしいスタジアムが街にできて，そして大学スポーツがスポーツの熱狂の中心になるという時代が，今はちょっと想像できないですけど来る可能性が非常にあります．ですから，皆さんにはぜひ夢を追い続けて，もしスポーツに携わるのであれば現状に満足しないで夢を追い続けていけるのがスポーツ分野だなと私も思っていますので，ぜひまた仕事を通じてまたいつか皆さんにお会いできるのを非常に楽しみにしています．

（司会者）　ありがとうございます．今回は，1番スポーツビジネスの基礎となる国のスポーツ政策という観点からこちらのセミナーを進めさせていただきました．実際にスポーツの産業の現場で活躍されている講師の皆様の貴重なお話を聞けて本当にありがたいなと思っています．私たち学生も，いつかスポーツ界にしっかり貢献できるように，今から国や組織などの動向を見ながら勉強してまいりたいと思います．最後になりましたが，今一度講師の皆様に盛大な拍手をお願いいたします．ありがとうございます．先ほど質問にも少し出ていましたが，次回はスポーツのメディアという観点からプロジェクトのセミナーをさせていただきたいと思いますので，もしお時間ありましたらまたご参加をお願いいたします．それでは第1回スポーツマネジメントプロジェクトセミナーを終わらせていただきます．皆様ご多用の中お集まりいただきありがとうございました．

（担当学生：木村瑠々花，若林優汰）

第2章　スポーツメディア

1. **インターネット時代の新聞ジャーナリズムの役割**
   松本　　泉　毎日新聞論説委員／
   　　　　　　　元毎日新聞大阪本社スポーツ事業部長

2. **インターネット配信動画が台頭する中で有料衛星放送は今後どのように生き残っていくのか**
   内田　大三　株式会社 GAORA 編成制作部編成担当

3. **日米の変わりゆくインターネット社会で見られるスポーツメディアの発展**
   新川　　諒　フリーランス通訳／スポーツライター

　昨今，スマートフォンやモバイル端末の出現により，スポーツに関する情報やスポーツ放送がより身近になってきています．メディアの発達はめざましく，インターネット一つあれば，どこでも情報を得ることができます．パソコンの世帯普及率は，7割を超え，スマートフォンの普及率は6割を超えています．今後も伸びていくであろうこの数値に対して，従来のメディアがどう変化していくのでしょうか．新聞やテレビのようなメディアは，今後どうなっていくのでしょうか．新聞の購読率は下がり続け，現代の若者はほとんど読んでいないと言われています．またテレビのプロ野球の視聴率は，パ・リーグTVなどのネット配信の出現により，下がっています．今回の講演会では，新聞，テレビの観点から，メディアの今後の見通しについて学ぶとともに，アメリカのスポーツメディアとの比較という観点からも，日本のスポーツメディアが今後どのように発展していくかについて迫っていきます．

　新聞は，毎日新聞の松本泉氏に講演をいただき，新聞の強みを生かした今後の取り組みや，新聞のさらなる発展について，スポーツコンテンツの観点で話を伺います．多くの人間がスマートフォンでニュースを閲覧するような現在において，新聞とはどのような役割を担っていくのか，メディアが大きく変わっていく中でどういう方向性をとっていくのかについて言及していただきます．

　テレビ業界からは，有料衛星放送のGAORAスポーツの内田大三氏にお話を伺います．youtubeやニコニコ動画などのように，無料で見られる動画サイトが増えている中，有料で契約するGAORAスポーツはどのような戦略を考えているのか．お金を払ってでも見たいという視聴者のために，何を提供していくのでしょうか．今後の展望についてお話しをしていただきます．

　最後に新川諒氏から，アメリカのスポーツメディアとの比較という観点から，現在のスポーツメディアのトレンドや，今後のスポーツメディアに求められるもの等を含んだスポーツメディアの今後の展望についてのお話を伺かがいます．日本からみた異文化社会であるアメリカでは，どのようなビジネスモデルが成り立っているのか，実際に現場を経験されている新川氏にご自身の経験を踏まえてお話いただきます．

　定刻になりましたので，ただいまよりシンポジウムを始めさせていただきたいと思います．皆様，本日はお忙しい中お集まりいただき誠にありがとうございます．今回，司会を務めさせていただきますのは，同志社大学スポーツ健康科学部3回生の松本です．至らない点もあると思いますが，よろしくお願いします．

　本日のセミナーでは，スポーツメディアに焦点を当てて3人の講師の方々にお話をしていただきます．昨今，スマートフォンやモバイル端末の出現により，スポーツに関する情報やスポーツ報道がより身近になってきています．IT化が進む現代において従来のメディアがどう変化していくのでしょうか．本日のセミナーでは新聞，テレビを通してマスコミニュケーション活動をされている松本様，内田様にそれぞれのメディアの今後の見通しについてお話を伺った上で，新川様にアメリカのスポーツメディアとの比較という観点から，日本のスポーツメディアが今後どのように発展していくのかという点を伺うことで，先ほどの問いに迫っていきたいと思います．

1．インターネット時代の新聞ジャーナリズムの役割

（松本　泉）

　初めまして．毎日新聞の松本です．私のテーマは，インターネット社会の中で新聞がメディアとしてさらなる発展を遂げるにはという素晴らしいテーマなのですが，果たしてネット社会の中で新聞がさらなる発展を遂げられるのかということに関しては，私は大いに疑問を感じています．このテーマに合った答えになるかどうかわかりませんけども，今日はちょっと違う視点と言いますか，観点でお話ができればなと思っています．新聞を擁護する気持ちも余りありませんし，新聞がさらなる発展をするためにはこんな夢があるよという話にもならないかもしれませんし，新聞はもうだめだと泣き言を言う気もありませんし，ちょっと私が普段考えていることをお話できればと思います．私，入社は1986年です．今年で31年目になりますので，30年間は紙の新聞の仕事をしてきました．もちろん30年前にはパソコンはありませんし，もちろんスマホも携帯電話もないですし，デジカメみたいなものもありません．原稿は手書きでしたし，赤電話に10円を放り込んで原稿を本社に送ったりしてました．そういう生活から始まって，この30年間にとにかくメディアの世界は激変していますから，どちらかという

松本　泉氏

　と，取り残されてるジャーナリストという感じになっています．ですから，気持ちとしてはネットなんかに任せてられるかいというのが本音のどこかにあります．ネットは余り好きじゃないよ，どっちかと言うと嫌いだよという気持ちもあります．ですから，ネットの批判を始めたら多分明日の朝まででもしゃべれるんですけども，今日はそんな非建設的なことを言っても仕方がないので，私が30年，紙の新聞を作ってきたという経験から，スポーツというコンテンツをベースにしてメディアってどういうふうにあればいいのかなというあたりの話ができればなと思います．

1）新聞の現状

　多分ここにおられる方で今日の朝，1時間新聞を読んできたという人はおられないのではないかと思います．私は今日1時間半，午前中新聞を読んできましたが，多分新聞を手にも取ってない方というのが全員だと思います．紙の媒体としての新聞はもう衰退が止まりません．

　これは新聞通信調査会というのが毎年世論調査をしているのですけども，新聞を毎日読む人，ネットを毎日見る人，40歳代を境に完全に分かれています．18，19，20歳代は10％少し，例えば内閣の支持率で10％前後というのは，ほとんど支持されていないという数字です．ということは，18，19，20歳代は10％ちょっとというのは，ほとんど新聞を相手にしていないという数字です．ますますこの傾向が強くなっていくと，これから10年後，20年後は毎日新聞を読む人という

のは，60歳代以上にしかいなくなってしまうという事態になるのではないかという数字です．もっと恐ろしい数字が出ていまして，ネットの普及で新聞の役割は減ると考える人，今までどおり新聞の役割は大きいと考える人，どちらですかという質問をしたら平均では大体半々です．20歳代ではほぼ6対3，40，30歳代でも半数以上がネットの普及で新聞の役割は減るというふうに答えています．これから10年20年経てばネットの普及で新聞の役割はなくなるというふうに言う人がどんどん増えていきます．

　この世論調査を見る度に恐ろしくなってきます．このように，紙の新聞の衰退というのは，どんどん毎年毎年数字が悪くなっていくのですが，じゃあネットはけしからん，古い新聞記者になるとネットなんか匿名性で信頼性もないのに，好き勝手なことを流しやがってみたいなことを言ってそれで終わりという人がいるんですけども，それじゃあ，メディアで飯を食ってる意味がなくなってきます．

2）ジャーナリズムとしての新聞

　そこで，今日はちょっと視点を変えて，新聞を紙の媒体として考えるのではなくて，ジャーナリズムとして考えます．だから，紙の媒体としての新聞，駅で売ったり家で読んでるような紙の媒体としての新聞じゃなくて，新聞ジャーナリズムというソフトの面で捉えていきたいと思います．言い変えれば紙の媒体の新聞は物としての新聞，そこで生み出された新聞ジャーナリズムというのは，心としての新聞みたいな感じですね．今日は心としての新聞というのがどういう位置付けにあって，どういう意味を持つのかというあたりをちょっとお話できればなと思います．もちろん，スポーツと絡めてになりますけど．実は新聞とスポーツというのは非常にかかわりが深いもので，これはもう100年以上持ちつ持たれつの関係です．互いに互いを利用して，互いに互いを育て合うという非常にいい状況がこの100年続いてきました．

　利用し合うという面で行くと，新聞はスポーツを利用して部数を増やすとか，広告を集めるとか，要するに利益を上げていく元になるわけですね．スポーツのほうは新聞に載ることによって，宣伝をしてもらう，PRしてもらう，人気を上げるというプラスの面があります．両方ウィンウィンの関係があるので，利用し合えるような時代が長く続いてきました．もう1つ，利用し合うだけではなくて，プラスアルファ，育て合う関係というのも実は持ってきました．新聞は，高校野

球なんかに代表するように大会を主催します．お金も出します，人も出します，場所も提供します，ノウハウも提供します．それで，大きな大会，大きな試合というのを主催してそこで思う存分頑張ってねというふうに提供します．スポーツの人気を育てていくという面です．

　逆に，スポーツが新聞記者を育ててきたという面も大きくあって，例えば，アメリカの新聞社の中には，昔は新人の記者を全部スポーツの専属担当にしたことがありました．スポーツ取材というのは記者の基礎体力をつけるのにもっとも適しています．何年間かスポーツだけを取材をさせて，取材力とか原稿を書く力とか，企画力とか構想とかそういうものをスポーツの取材を通じて身につけさせた上で，政治の取材に活かしたり，経済の取材に活かしたり，事件の取材に活かしたりということを実はやっていました．日本の新聞社はちょっと違いますけども，スポーツというのは実は絶好の取材対象，素材であったわけで，記者を育て続けてきた．新聞がスポーツを育て，スポーツが新聞記者を育ててきました．こういう関係もずっとあったわけです．もちろん，場合によっては癒着をしてマイナスのことが出てくることもあったのですが，新聞とスポーツというのは長い間，お互いにお互いを利用し，育て上げたそういう関係を持ち続けています．

　簡単に日本のジャーナリズムの歴史の中に新聞を当てはめるとすれば，日本では大体1880年ぐらいに新聞が出されていますので，140年になります．これは第一世代と私が勝手に名前をつけたのですけども，メディアの最初の世代です．次に，テレビが1950年頃に出てきて，これが70年ぐらい，これはまあ，勝手に第2世代というふうに名前をつけています．あと，インターネットが今世紀に入ってから広まってきたというので，十数年，これが第3世代です．第1世代，第2世代，第3世代，日本のジャーナリズムというのは今，3つ目の時代に新しく入っています．140年の歴史を持ってる新聞というのは，まさしく成熟期に入っています．もう成熟していつ腐り果てるかわからないというような状態です．テレビは過渡期，今まではチャンネルが限られていたのが今，BS，CSが出てどんどん可能性が広まってきています．ネットはもちろん創成期なので，これからどういうふうなことが起きるかわかりません．3つの世代の中の新聞は100年を超える歴史を持っている，新聞の培ってきたもの，プロのジャーナリスト，プロのライター，プロの編集者，そういうものを新聞がきっちりと育ててきました．プロとしての活動の場というのを新聞がまず作ったというのが1つです．これは素人

じゃないですよ，プロとしてやるという立場を作りました．それから，ジャーナリストというのは時間をかけて育てましょう，半年1年でぱっとできるものではないよと，いろいろな技術，いろいろな能力，常識を身に付けるにはやっぱり5年10年と時間をかけて育てましょうというのが，新聞がたどってきた1つのものであります．プロのジャーナリストとなったからには，最高の技術と能力を常に発揮しないといけません．今回はちょっと技術的にはだめだよというのはだめで，常に最高レベルの技術とか能力を発揮してくださいねということを求められるようになりました．これは最後になりますけども，責任と倫理というのが常に付きまといます．責任を持って報道します，ジャーナリストとしての最高の倫理を持って取材に当たります．これがこの140年新聞がかけてやってきた，1つ作り上げたものと言えると思います．

3）スポーツと新聞

　新聞が単に取材して報道するというだけではなくて，実はもう1つ，非常に大切な面があって，メセナ事業としてスポーツを取り扱います．メセナというのは，芸術とか文化とか，そういう活動に全面的に資金を出して支援をする，見返りは求めないというものです．日本では100年以上前から新聞社がさまざまな大会を主催したり後援したりして，スポーツとかかわってきました．全国紙の主要なスポーツ事業は，毎日新聞と朝日新聞が多いのですけども，アマチュアスポーツ，特に学生スポーツが圧倒的に多いです．資金がない，支援者が余りいない，どうしていいかわからないという時代の学生さんに，資金を出し，場所も提供し，ノウハウもきっちり作って大会をして皆さんで全国大会をやりましょう，皆さんが実力を発揮できる場所を作りましょう，ということでやってきたのが，高校野球の大会であったり，高校駅伝であったり，ラグビーの大会であったり，柔道，剣道，バスケットボール，バレーボール，さまざまな大会の学生さんの大会です．新聞社が主催しているという点でいくと，この学生の大会というのが圧倒的に多いわけです．商業主義を排して，教育の一環としてやるからには利益を上げることはできません．あくまでも学生スポーツを育てていこうという形で，この100年間ずっと続いてきているものばっかりです．ですから，格好いい言い方をすると，人気が出たところで儲けは要りませんよと，一方，人気が落ちたからと言って見捨てることもしません，というような姿勢でずっとこの100年やってきています．

　高校野球で毎日さんとか朝日さん，たくさん儲かるでしょうとよく言われますが，実は高校野球の甲子園の大会で新聞社には 1 円も利益はありません．全部吐き出しです．1 円の利益もなしに，甲子園の大会をやっています．今，高体連がスポンサーを付けてもいいよということになったので，多少利益というのはそのスポンサーからの協賛金で上がることはありますけども，儲かる大会というのは実は 1 つもありません．利益を上げずにスポーツを育てて報道するというのは，多分日本独自のスタイルだと思います．外国ではこういう形で学生スポーツを支援しているメディアというのはほとんどありません．儲けでやるところはあっても，儲け関係なしで，しかも 100 年も延々と続けるというようなものはない．100 年かけてじっくりと培ってきた独特の倫理観と言いますか，そういうものは実は歴史の長い新聞社にはあるんじゃないかなと思います．逆にヨーロッパなんかでは，スポーツ大会を主催する新聞は低俗だということになっています．そんなスポーツ大会を自分のところでやるというのは何か下心があるんだろう．イエローペーパーとまで言われてます．

　これはまさしく日本独特のスポーツを育てるという形で新聞社が頑張ってきたということだと思います．というスポーツと新聞の関係なんですけども，ちょっと現場のお話もしておきますと，（記事を見せて）これラグビーのワールドカップですね，去年の．9 月 21 日の 1 面の記事です．日本の代表チームが南アフリカに歴史的勝利を収めました．これ 1 面のトップになっています．このとき，特派員でイギリスに行った記者は大阪の記者なんですけども，日本が勝つかもしれないと言ったときから，頭が真っ白になってどんな記事を書いたらいいか，どんな原稿を書いたらいいのか，10 分間ぐらいまともにゲームが見られませんでしたと言ってるぐらい興奮したゲームです．ここで見出しに書いてあります，「必然の奇跡」という，実はこの記事すごいなと思ったのが，この「必然の奇跡」という言葉をこの記者がひっぱり出してきた点です．読んでしまえばへえーと言うだけなんですが，この南アフリカに日本が勝ったというのは奇跡だと書いてしまうのは，非常に簡単だけれども，実はそんな奇跡というようなことじゃないと．このとき，五郎丸選手がはっきりと言ったらしいけども，勝ったのは必然であってラグビーに奇跡なんてあり得ないと．

　彼はプロ野球の担当をずっとしてまして，オフシーズンはラグビーの取材をしてました．時間の合間を縫ってデータ分析を綿密にやりました．昔のワールドカッ

プの試合から全部データを洗い出して，出場チームの選手のデータ，チームのデータも全部洗い出しました．データ分析を徹底的にやりました．実はスポーツ取材というのはすごく地味なんですけどね．資料を当たってデータを分析するという時間が相当占めます．それ以外に，もちろん国内で有力な選手に直接取材したり，現地に行けば練習してるところに行って取材をしたりします．事前取材も徹底的にやらなくちゃいけません．準備が8割から9割占める，それがラグビーのワールドカップの取材です．もちろんそういう徹底した事前準備があったからこそ，きっちりとしたサイド記事なり本記事が書かれたんですけれども，ただし，やっぱりゲームが始まってみると，いざ日本が勝つかもしれないとなると，なかなか冷静に見れない，雰囲気に飲まれてこの記者も10分間は頭が真っ白になって，何を書いていいかわからないという状態になったようです．

　この記者はプロ野球も担当し，ラグビーだけを取材していたわけではありません．プロ野球のときはどうだったかな，野球のときってこういうときにどういう取材をしたかな，どういうふうに書いたかな，誰にどんなことを聞いたかなというような応用を利かして取材をしてたのは確かなんです．加えて，スポーツ以外の取材はやらなくていいというわけではなくて，スポーツ以外に事件や事故を取材した経験というのも実はここに入ってきます．細かい一言，細かい言葉を捉えて，それをどういうふうに表現するかというのは，実はスポーツ取材以外でこの記者に培われた力だったというふうにも思います．それと，彼は日本ラグビーの話を始め出すと止めようがなくてですね，それは単に知識とか批判とか意見ではなくて，日本ラグビーはかくあるべしというやっぱりしっかりした見識を持ってました．だからこそ，今回の歴史的な勝利は奇跡ではないと，勝つとは思ってなかったということから「必然の奇跡」という言葉を生み出して，この試合を見事に位置付けたというふうに思います．その点ではこの1面の記事というのは非常にできが良かったかなと今でも思っています．

4）新聞の今後

　現場の記者は頑張って取材を続けています．という中で，新聞記者って頑張ってるけれども，みんなが読まなくなってくると，消えていくんじゃないという懸念が生まれます．今までメディアが伝えてきたものは何かと言うと，グラウンドやフィールドやコートで起こっていることを追求するのが今までメディアが伝え

てきたものです．勝ち負けであったり戦力はどうかという分析であったり，この
監督，このコーチの戦術作戦はどうか，勝ったら喜んだ，感動した，負けたら悲
しんだ，そこから出てくるのは競技の専門性を追求したり，人間ドラマを扱う，
それが今までメディアが伝えてきたものです．が，これからじゃあ，メディアに
求められるものは何かと言うと，グラウンドとかフィールドの外に向けてどこま
で追求できるのかというのが多分これから求められるものであろうと思います．
サッカーのルール，サッカーの選手，サッカーの戦術のいろいろなものを知って
ますよだけではなくて，じゃあ，政治と結び付けられて取材できるの，経済と結
び付けた解説は書けないの，医療とか教育は関係ないの，関係あるでしょう，グ
ラウンドの外に出たものと競技をいかに結び付けられるかという，そういう取材
ができるものが多分，これからのメディアに求められていくと思います．

　例えば，財政基盤はどうか，お金の問題というのは非常に大事です．お金がな
ければ競技を続けていけないし，なかなか実力も付いていきません．教育制度，
どうでしょうか，本人が頑張ればいいよというのではなくて，しっかりと小さい
ときから教育できるような制度があるのか，セカンドキャリアはどうなの，競技
終わったら使い捨て，あとの人生知らないよというのでいいのか，というような
レベルまで広げて取材をし，追求できるということが，多分これからのメディア
に求められてくるものではないかなというふうに思います．

　じゃあ，ちょっと戻りまして，新聞ジャーナリズムが今まで培ってきたものは
どんなものか，3 つ上げます．1 つ目は取材力です．これはきめ細かな分析をし
たり，起こっていることの検証をしてみたり，的を射た批評をしてみたり，レベ
ルの高い取材力というのは，これは 100 年以上の新聞のジャーナリズムが培って
きたものです．2 つ目は，倫理観，倫理性ですね．取材してもこれは書いてはい
けない，伝えてはいけないというものがあるかもしれません．表現を抑制すべき
だという，マイナスの方向ですね，出すんじゃなくて抑制するんです．それと
は逆に，相手がどんな相手でも批評できる，大監督と言われる人でも，大政治家
と言われる人でも，スポーツに関しておかしいよということをまっとうに批評す
る，それを強く信念に持ってる，なかなか形にはしにくいですけども，そういう
倫理観，倫理性がどこまであるのか，ということです．3 つ目は，信頼性です．
これはレベルの高い取材力と高い倫理観があるからこそ生まれてくるという信頼
性です．先ほどの世論調査の資料 3 でもですね，メディアの情報の信頼度は新聞

と NHK のテレビというのが圧倒的に高いです．7 割保っています．この信頼性というのはもちろん 1 日 2 日でできるものではなくて，長い時間をかけて取材力，倫理観，信頼性，そういうものを積み上げてきた中で出てきたものだというふうに思います．

　ただし，この 3 つを熟成させるのはすごく時間がかかります．多分，新聞が100 年以上かけてようやく作り上げてきたものだと思いますが，じゃあ，時間をかけたからできるのかと言うと，そういうものでもないのです．100 年かけたら必ずできるのかと言うと，そういうわけでもないというのが実は倫理観とか信頼性の非常に複雑なところで，しかもどうやったら倫理観が付くのみたいなマニュアルはあるわけでもありません．それぞれのジャーナリストが自分でやり方を考えて，自分でその方法を学んでいくという中で培ってきたものです．まさしく新聞が今まで培ってきたそのスポーツに対するジャーナリズムの価値観がこれからどんどん問われるだろうというふうに思います．

　ということで，一番最初に戻りますが，新聞がメディアとしてさらなる発展を遂げるにはどうすればよいでしょうか．デジタル媒体にどうやって新聞が挑んでいくかというのは新聞も今，あがいてる最中です．例えば，ネットにニュースサイトを作ったり，ツイッター，フェイスブックで読者と交流をしたり，それから専門分野に特化してサイトを作ったりしていますが，これはすべて今までの新聞の編集の延長線上で新しいものでも何でもありません．まさしく試行錯誤が続いているわけで，昔は 10 年 20 年のサイクルでメディアは進化したと言われていますが，今もう 3，4 年のサイクルで進んでしまっています．5 年前に今のようにLINE がこれだけ使われるというようなことは想像もできなかったわけで，まったく今形が見えていないというのが現実です．ただし，その中で今言った新聞ジャーナリズムが培ってきたもの，取材力，倫理観，信頼性，これらをいかに活かしていけるかというふうな形で，紙なのか電波なのかネットなのかというツールではなくて，そういうソフトをいかに育てていけるかというのがこれからのメディアの大きな課題だと思います．特に，新聞ジャーナリズムとしては速報性とか専門性とかドラマ性とかそういうものと一線を画す形で何が表現できるのか，何が伝えられるのか，視点とか着眼点というのがどこまでしっかり持てるのかということです．

　100 年歴史を重ねてきたもの，いかに背景にしてメディアとしてやっていける

のか，新聞記者が私はジャーナリズムの中核であり続けると今も思っていますけ
ども，それは紙にしがみつくというのではなくて，どんな媒体にも対応できるよ
うな能力を100年の歴史を積み重ねてきたもので自分なりものを作っていくとい
うことが，実は新聞がメディアとしてさらなる発展を遂げる決め手になるんじゃ
ないかなというふうに思っています．ということで，余りまとまりがないのです
けども，余りに明るくない紙の新聞の将来は実は新聞ジャーナリズムこそ，それ
を切り開ける1つのポイントではないかというふうに思っております．どうもあ
りがとうございました．

質疑応答

（司会者）　松本様，ありがとうございます．それでは質問の時間に移りたいと
　　思います．質問班，よろしくお願いします．

（質問者）　貴重なお話ありがとうございました．同志社大学スポーツ健康科学
　　部3回生の野村と申します．質問をさせていただきたいのですが，今，新聞
　　をなかなか若い人は読まないというのが実際あると思うのですけども，そう
　　いった若者にも読んでもらえるような，何かそういった取り組みというのは
　　今あったりするのでしょうか．

（松本氏）　ありません．はっきり言ってありません．新聞を手に取るよりもス
　　マホのほうが楽でしょう，絶対に．今日，読んできました？

（質問者）　いえ．

（松本氏）　読んでないでしょう．それを無理矢理読ませるということはしませ
　　ん．ただし，紙の新聞にこんなことが書いてあるよ，こんなことが載ってた
　　よということから，じゃあ，1回紙の新聞を読んでみようかという糸口は作
　　れると思います．だから，新聞記者は誰も読まないから適当に書くのではな
　　くて，若い人が興味を持ってること，関心を持ってること，関心を持つかも
　　しれないことをやっぱり取材して載せないといけません．それが重要と思っ
　　ています．だから，たまに目を通したら，えっと思うものが多分載ってるか
　　もしれないと思います．

（質問者）　ありがとうございます．あと2つほど質問があります．先ほど学生
　　スポーツで高校野球だったりそういうものを育ててきたというお話があった
　　のですけど，何かこれから他に育てていけるようなスポーツというのは何か

あったりしますでしょうか.

(松本氏) 実は, これも私の個人の意見になりますが, 学生スポーツはまだ育ってないと, そんなに. 高校野球が今の形でいいのかと言ったら, 絶対よくありません. だから, それを新聞社が正せるかどうかは別にして, もっと高校野球をやっている選手たち, それからそれを目指している子どもたちがもっともっと夢を持てるような, しかも自分たちの将来も考えられるような土壌をやっぱり作ってあげないといけないと思います. これはもう高校サッカー, 高校ラグビーもしかりで, 単にプロにちょっとなって, 目立ってみたいなというような子どもたちだけを集めてやってる大会と思われてしまってる節がありましてね, 最近. でも, 本当はそうじゃなくて, 高校野球もこれは使い古されているけど教育の一環でありましてね. でも, 本当に教育の一環なの, 今の大会は, と言われたら, やっぱりそうじゃない部分ってたくさんあるわけで, それを直していくのが先じゃないかなと思います.

(質問者) 最後なんですけれども, 新聞というのは信頼性というのが非常に高いという話をさっき伺ったのですけども, これも先ほどの質問のように自己矛盾になってしまうのかもしれないのですけども, ある程度新聞とかそういうものを勇気付けるためには, ある程度のエンターテインメント性であったりとかというのが必要かと思うのですけども, 新聞にそういった信頼性を保つエンターテインメントを事例として出していたりするものってあるのでしょうか.

(松本氏) エンタメ性というのはすごく種類があって幅があって, 例えば, 芸能人のスキャンダルをがんがん載せるのもエンタメであれば, 歌舞伎とか能とかそういう日本の伝統芸能もあれはエンタメのうちですよね. だから, 何でもかんでもいいというわけではないと思います. エンタメ性というのは, 例えば, スポーツ競技で感動的な場面とか, すごくドラマチックなこととか, そういうふうなものをもしエンタメ性があると言うのであれば, そういうものをどんどん載せていくべきだと思いますけれども, 単なるスキャンダルをがんがんやるのは, 少なくとも新聞はそっちの方向には絶対走って行ったらいけないと思う. あくまでも, これはよく言われることですけれども, 夕ご飯を食べてるときに親が子どもに話せるようなことは新聞にどんどん載せてあげたらいいけれども, 食事の場で言えないよというようなことは載せるべ

きじゃないと思います．

（質問者）　ありがとうございました．

（司会者）　松本様，貴重なお話をありがとうございました．それでは次に，内田大三様に講演を承りたいと思います．内田様，よろしくお願いします．

２．インターネット配信動画が台頭する中で有料衛星放送は今後どのように生き残っていくのか

（内田大三）

　初めまして内田と申します．よろしくお願いします．最初，皆さんに質問があるのですけれども，この中で GAORA というチャンネルをご存じの方，手を挙げてください．ご存じの方々にお伺いしたいのですけれども，ご自宅で 1 人暮らしをしている方，実家に住んでいる方も含めて，スカパー！やケーブルテレビに加入されている方はいらっしゃいますか．半分ぐらいいらっしゃいますね．ありがとうございます．あと 2 つ質問したいのですが，この 1 カ月間で，テレビでスポーツの生中継を見た方はいらっしゃいますか．結構いらっしゃいますね．では，その中でさらに YouTube でスポーツ系の動画を見た方はいらっしゃいますか．大半の方が当てはまるかと思いますが，今日はそういうことに関する話をしたいと思いますのでよろしくお願いします．GAORA はスポーツチャンネルですが，毎日放送の関連会社であるので，毎日放送さんのコンテンツである吉本関連のバラエティ番組も放送しております．ただし，毎日放送など無料で視聴できる地上波放送とは異なり，スカパー！やケーブルテレビに加入して見られる有料チャンネルです．そして，もう 1 つの資料には弊社がどのようなコンテンツを，どの時期に放送しているか記載しています．まずは私自身や有料放送業界について紹介させて頂きながら本題に入ります．

　私は 2009 年に GAORA に入社し，今が入社 8 年目です．高校まではサッカーをしており，サッカー選手にはなれなくても，スポーツ業界で働きたいと思っていました．大学時代はスポーツビジネスを専攻し趣味はスポーツ観戦です．（写真を示して）この写真は今年大阪の吹田にできた新しいサッカースタジアムで，ここから歩いて 15 分ぐらいのところに住んでいます．時間が許す限りガンバ大

内田大三氏

阪の試合を観に行き，オフシーズンはバレーボールやアイスホッケーを観るのが好きです．競合他社ですけれども，月々3,000円ほどかかりますがWOWOWに加入し，テニスの4大大会をいつも楽しみにしています．2009年にGAORAに入社してから，最初の約5年間は番組制作を担当する部署にいました．最初はアシスタントディレクター（以下，AD）として何でもしていました．お茶を買いに行ってと言われたらお茶を買いに行きますし，コピーを100枚取っておいてと言われたら取りますし，何でもしながらチャンスを伺っていました．最初の3年間ほどはプライベートの時間はあまりなく，とにかく仕事第一でした．それでも好きなスポーツの仕事だから続けられたと思います．いろいろな方と出会い，さまざまな経験をさせてもらって，ADから，ディレクター，そしてプロデューサー業も経験させてもらいました．今は編成担当として，主に毎月何を放送するか，1日24時間という限られたスペースの中で何を放送するかを考えています．その過程で新しい番組を発掘，こういう番組を始めたらおもしろいのではないかなということを考えたりしています．日々，海外の競技団体や代理店と連絡を取りながら新しいコンテンツを探しています．

1）有料衛星放送とは

スカパー！ではスポーツや音楽，アニメや時代劇など専門チャンネルが259もあり，その中から好きなチャンネルを選んで視聴することができます．お金を払わないと視聴することができませんので，お金を払ってでも見たいという方々を

相手に私たちは商売をしています．この意識を常日頃持つことが大事です．私自身もお金を払って，ガンバ大阪の年間チケットを購入しているので，ふがいない試合の日は金返せと怒ることもありますが，それを自分自身の仕事に置き換えてみることを肝に銘じています．毎月の視聴料金は1,000円から3,000円ほどですが，同じ料金で1回飲みに行けますし，カラオケオールもできますし，映画も見に行けます．さらに夜行バスだと2,500円で東京に行ける便もあります．さまざまな選択肢がある中で私たちは選んでもらわなければいけません．ちなみに，自腹で有料衛星放送を見ている方はいらっしゃいますか？　月々どれほど支払っていますか？

（参加者）　ネット代と合わせて8,000円ぐらいですね．

（内田氏）　ちなみに，どのサービスですか．

（参加者）　J:COMとWOWOWです．

（内田氏）　ありがとうございます．恐らくそのお金の一部が私のお給料になっていますので，今後ともよろしくお願いします．

2）新たな動画サービス

　次ですね，おおよそ2005年以降，インターネットを通じて無料でさまざまな動画が見られるサービスが誕生しています．2005年と言うと今から11年前ですので，皆さんが小学校卒業か中学生になったころですが，当時から携帯電話を持っていた方はいらっしゃいますか？　それとも5年ぐらい前から携帯を持ち始めた方はいらっしゃいますか？　皆さんにとっては，携帯電話でYouTubeとかニコニコ動画でいろんなコンテンツを無料で見られるというのは当たり前だと思うのですけれども，私は当時大学生で，無料で音楽のビデオが見られたり，サッカーのゴール集が見られたりすることは革命的でした．そして，便利なサービスはどんどん発展していき，その結果，今は個人で映像情報を発信することができます．さらに，今ではもうテレビがインターネットにつながっていれば好きな映画を好きなときに見られるようになりました．さらにAbema TVというサービスをご存じの方はいますか．どれほど視聴していますか．

（参加者）　結構，そうですね，2日に1度ぐらいは．

（内田氏）　どのような番組を見ますか．

（参加者）　スポーツです．

（内田氏）　インターネット配信と私が働いているテレビの大きな違いは，テレビは何かしら放送しているものを受動的に見るものですが，インターネットだと能動的に好きなものを好きなときに見られます．さらに最近では LINE が脅威です．LINE では動画配信もしており，中国では LINE のような企業が豊富な資金力を生かして，様々な放映権を獲得しています．

（内田氏）　もう 1 つ質問があります．この 1 年間で CD を購入した方はいますか．どこで買いましたか？

（参加者）　タワーレコードです．

（内田氏）　お店で買ったのですね．それは特典付きですか？

（参加者）　いっぱい買っているので，ポスターがついている物と，そうでない物を買いました

（内田氏）　なぜ CD を買うのでしょう．アップルストアでも買えると思うのですが．

（参加者）　自分の部屋に好きなアーティストの CD が置いてあるという．欲を満たしたい．

（内田氏）　今おっしゃった特典を付けないと CD がなかなか売れない危機を迎えているように，テレビ局も「携帯で見られるからテレビは不要なのでは」という危機感を感じています．もう 1 つ，テレビとインターネット配信の大きな違いは，テレビだと 1 日 24 時間しか放送できません．コンビニで例えると，陳列棚に置ける商品の数は限られていますね．しかし，インターネットは配信サーバによる制限はありますが，放送枠は無限大であることが私たちテレビ業界の者からすると羨ましく，そして脅威です．編成担当である私の業務である「いつ，どの番組を放送するか」という概念がインターネット配信では異なります．GAORA では，プロ野球の阪神タイガース主催試合と北海道日本ハムファイターズの主催試合を同時に生中継することはできませんが，インターネットでは可能です．

スポーツコンテンツの価値は生中継にこそありますが，この 1 年間で，すでに結果を知っている試合の録画中継を見た方はいらっしゃいますか？

（参加者）　野球の結果は知っていても，今日のプレーのハイライトなどを見ました．

（内田氏）　それはハイライトのシーンを待ったのか，それともハイライトまで

早送りしましたか？

（参加者）　全部見るときもありますし，ハイライトだけを見ることもあります．

（内田氏）　ちなみに，なぜテレビで見たのでしょうか．携帯電話で見なかった理由を教えてください．

（参加者）　たまたまそのときにテレビでやっていて，ちょうどタイミングがよかったので．

（内田氏）　テレビでやっていなかったら見ていませんでしたか？

（参加者）　そうですね．

（内田氏）　歴史的にも実はおもしろい数字がありまして，1962 年から集計されている視聴率において，トップ 50 のうち，スポーツ中継は何番組あると思いますか？

（参加者）　40 ぐらいですか．

（内田氏）　正解は 20 です．しかし，トップ 10 に 7 番組も入っていることから，スポーツの生中継は価値があり，需要があると考えられます．需要があるということは，新しいサービスが始まります．スポナビライブに加入されている方はいますか？

（参加者）　最近携帯電話を変えた特典として 1 カ月無料で視聴できます

（内田氏）　どれほど見ますか？

（参加者）　ものすごく見ます．

（内田氏）　この春に，私は特典が欲しくてソフトバンクから別のキャリアに切り替えたのですけれども，後悔しています，はい．ソフトバンクを解約したことを後悔するほど便利なサービスです．例えば，私の妻がテレビで見たい番組があったときに，私は自分が見たい試合の生中継を携帯電話やタブレット端末で見られる便利なサービスです．恐らく今後はさらに発展するのではないかと思います．DAZN（ダ・ゾーン）というサービスを展開しているパフォーム社が J リーグの放映権を獲得したことは大きなニュースになりましたが，実は GAORA が長らく放送していたバレーボールの V リーグの放映権も獲得しています．有料サービスであるパフォーム社が，同じく有料放送の GAORA を排除しようと思っても競合他社なので何ら不思議ではありません．もし 2017 年からスカパー！で J リーグが見られないのであれば，私はスカパー！を解約することも考えています．つまり，スカパー！にとっては

放映権を失ったことで，顧客も失うことにつながります．

もう1つ違うのは，私が勤めるGAORAという会社は放送局です．そして，スポナビライブはソフトバンクの関連会社が運営しています．DAZNはパフォームというイギリスの巨大IT企業が運営しており，恐らくGAORAがVリーグに対して提示した放送権料よりもDAZNは遥かに大きな金額を提示したと思われます．放送権料だけが理由かはわかりませんが，VリーグがGAORAではなく，DAZNと放送権契約を結んだことにはしっかりとした理由があると考えられます．そして業界の変動が非常にスピーディーで付いていくので精いっぱいですが，それだといつかは置いていかれます．そうならないようにスポナビライブで放送する番組をGAORAが制作した事例を紹介します．

3）現在の取り組み

アメリカズカップというヨットレースです．放送権はスポナビライブが獲得したものの，実際にそのコンテンツを魅力的な番組として配信する制作力にはまだ課題があっため，実績のあるGAORAに委託しました．GAORAはお金をもらって番組制作をすることで収入を得ます．また，同じ番組をGAORAでも放送させてもらえるように交渉することもあります．ただし，テレビで放送している番組は外部の制作会社に協力してもらって番組を放送しています．ということは，スポナビライブが制作会社に直接相談したら，GAORAに相談しなくても番組制作ができるかもしれません．そうならないためにも，GAORAは自分たちの番組制作力を向上し，制作受注ができるようになることも重要です．そして，GAORAでは「選ばれるチャンネルになる」ことを掲げています．

GAORAの視聴者層は私たちの親世代が主です．その世代のナンバーワンスポーツはプロ野球であり，プロ野球の放映権が奪い合いになっています．親世代は若い世代よりも余暇に使えるお金を多く持っていると考えられますので，親世代をメインターゲットにすることは最も効率的かもしれません．そして，私は，若い世代で1人暮しをしている方々は家にテレビを持っていないが，結婚したらテレビを買うのではと思っています．もし独身者よりも既婚者の方が多いとしたら，結婚しているであろう30，40歳代以上の方々がメインターゲットになると考えています．ただし，プロ野球だけ放送してればいいのかというわけでもありません．GAORAでは現在阪神タイガースと北海道日本ハムファイターズを放送

しておりますが，契約更新のときには他の放送局も放映権の獲得を目指します.

　GAORAとしては自分たちよりも資金力があるチャンネルがある中で，どうやって生きて残っていくのか，球団に対して試合中継以外の何を提供できるかが大切になります. その取り組みとしてシーズン前の春季キャンプ中継や，シーズン中は2軍戦の試合中継，シーズン終了後のファン感謝祭の生中継，さらには独自の情報番組を毎月放送しています. その中で，試合開始から試合終了までを放送することという基本事項を絶対に崩さないようにしています. また，スポーツの試合は週末に開催されることが多いので，例えば，北海道日本ハムファイターズのデーゲームを生中継し，夜には阪神タイガースのナイター，夜中には錦織圭選手が出場するテニスの試合を生中継することもあります. テニス中継に関しては，最近ではGAORA以外の放送局での中継が増えています. ただし，錦織戦のみの中継が多いので，GAORAは差別化するためにも，大会によっては1回戦から錦織戦以外の試合も可能な限り生中継しています. 先にお伝えしましたが，GAORAの視聴者はお金を出してでも試合を見たい熱心な方々が多いと想定しているので，今はカナダで開催されている大会を夜中の12時から昼過ぎまで生放送しております. 体力的にはものすごくタフですけれども，お金を払ってでも見て頂いている視聴者の期待に応えたいので，生中継を大切にしています.

4）競合会社との差別化を図るために

　他には，まだ陽が当たっていないコンテンツの開拓を目指しています. 10年前に錦織圭選手を知っている人は少なかったです. その10年前に，東京で開催されたジャパンオープンという大会で錦織選手が試合に出場したときには，大半の来場者が彼のことを知らなかったはずです. その時代からGAORAはテニスを放送しており，当時まさかテニスがGAORAの大きな収入の柱になるとは誰もが確証を持っていなかったのではないでしょうか. このようにスポーツはいつ，どのような形で人気が爆発し，大きな収入を得られるようになるかがわからないこともあります. 2011年に，なでしこジャパンがワールドカップで優勝したときには，女子サッカーがあそこまで連日取り上げられたり，さまざまなグッズが発売される競技になるとは誰も思っていなかったのではないでしょうか.

　このようなコンテンツを発掘すべく努めています. その中で安藤美姫さんや浅田真央さんは，日本国内だけでなく海外でもアイスショーに出演しています. 日

本国内で開催されているアイスショーは地上波局が放送していることが多く，放映権の獲得が難しいため，そうではない海外で開催されているアイスショーを狙っています．ただし，先日ロシアで開催されているアイスショーの放映権を購入すべく交渉したところ，すでに東京の地上波局が契約済みでした．まさかロシアで開催されている，日本ではあまり知られていないアイスショーの放映権を東京の地上波局が獲得するとは思いませんでしたし，それほど現在はコンテンツの奪い合いが起きています．

5）強みを生かす

最後になりますが，地上波局との連携を強化することも重要視しています．GAORA は毎日放送の関連会社であるため，毎日放送で放送している吉本新喜劇などのバラエティ番組も放送しております．他にも春には選抜高等学校野球大会を放送しています．他にも毎日放送を通じて，JNN 系列会社からゴルフ中継やバラエティ番組も購入できないか模索しています．まさに今，テレビでの放送だけではなく，資金力に優れた大企業が運営するインターネット配信も台頭し，放映権の奪い合いが過熱している激動の時代を迎えています．

質疑応答

（司会者）　ありがとうございます．それでは質問の時間に移りたいと思います．質問班，よろしくお願いします．

（質問者）　お話しありがとうございました．ちょっと先におっしゃってもらったのですけれど，J Sports ではいろんなプロ野球の中継しているイメージがあるのですけど，GAORA は何で日本ハムとタイガースの主催試合しか放送してないのかなと，ずっと昔から気になっていました．

（内田氏）　単純な話をしますと，GAORA はチャンネルが 1 つしかなくて J Sports はチャンネルが 4 つあるのが大きいです．また，この主催試合というところが 1 つ肝で，当然ビジターの試合も放送できればいいのですけれども，現状では各球団が自分たちの主催試合を放送局に売っているので，GAORA が東京ドームで開催されている読売ジャイアンツ対阪神タイガース戦や，広島で開催されている広島カープ対阪神タイガース戦を放送するには，その都度放送権を購入する必要があるため主催試合だけを放送しています．

　また，GAORA は，長年同じ球団を放送し続けているため球団との信頼関係も厚く，試合だけではなく情報番組や DVD を制作するなど，試合中継以外にも幅広く活動できることもメリットになっている理由から，阪神タイガースと北海道日本ハムファイターズの2球団を放送し続けています．

（質問者）　ありがとうございます．次に視聴者が興味のある人に限られる可能性もあると思うのですけど，その中で視聴者層の拡大の方法について教えていただきたいです．

（内田氏）　日常的にテレビを視聴している方に対しては，映画専門チャンネルと共同でプロモーション活動をしています．先方からしたら映画チャンネルを見ていなかった GAORA 視聴者が，映画チャンネルを契約してくれるかもしれない．会社の垣根を超えた宣伝活動は多くの放送局が実施しています．逆に日常的にテレビを視聴していない方に対してのプロモーション活動はコストもかかり難しいのですが，インターネットのスポーツ情報サイトや，街中のデジタルサイネージ広告などに出稿しています．

（質問者）　ありがとうございます．最後に先ほどお話をいただいた，安く見られる時代になってきて，低価格とか無料の配信サービスの視聴者に勝るのはということを聞きたかったのですけど，ちょっとまだそこは模索中ですか．

（内田氏）　模索中ですね．個人的な意見はたくさんありますけれども，例えば携帯電話やタブレット端末よりも 60 型のテレビで見た方がスポーツ中継は迫力に勝りおもしろいと思います．携帯電話やタブレット端末は場所を選ばずに視聴できる便利性に勝り，テレビは大きな画面で迫力に勝るので，どちらが良いかの判断は視聴者によって異なります．ちなみに最も多く視聴するスポーツ中継は何でしょうか．

（質問者）　野球です，プロ野球です．

（内田氏）　携帯電話の画面だと外野フライのボールは見えますか？

（質問者）　見やすいとは言えませんね．

（内田氏）　そうですよね．テレビの方が画面が大きく，画質もきれいだと言えます．ただし，技術革新によって，携帯電話やタブレット端末でもテレビと同等以上の高画質で視聴できる時代が来るであろうと思うと，テレビの優位性が減るため脅威に感じております．

（質問者）　では，最後に，テレビ放送に頼らずに観客動員に力を入れているチー

ムが多くなってきていると思いますが，この現状は放送局側としたらどう感
じていますか．

（内田氏）　大歓迎です．テレビの力がなくても観客動員がすごいイベントがあ
れば，それだけ潜在的な視聴者がいると考えられます．先ほど松本様もおっ
しゃいましたが，お互いに協力して成長する理想的な関係になれればと思い
ます．放送局側がそのようなイベントの有無を調べて，積極的に仕掛けるべ
きだと思いますし，私自身の日々の業務に直結していますね．

（質問者）　ありがとうございました．

（司会者）　内田様，大変貴重なお話をありがとうございました．

（内田氏）　長くなって本当にすみません．ありがとうございました．

（司会者）　それでは最後に，新川諒様にご講演を承ります．新川様，よろしく
お願いします．

3．日米の変わりゆくインターネット社会で見られる スポーツメディアの発展

（新川　諒）

　よろしくお願いします．第一線でご活躍されてるお二人の後に講演するのも恐
縮なんですけれども，私は客観的な視点で，これまでの米国での経験や事例，今
インターネット社会というのがものすごい勢いで出てきていますので，そこの日
本との比較について話していければと思います．まず初めに，プロフィールです
けれども，皆さんの手元にあるのでそんなに深くは話さなくていいかなとは思い
ますが，私も同志社国際中高に通っていて，あの坂を6年間歩いてきました．当
時，同志社大学に進学しなかった第1の理由としては，まだスポーツマネジメン
ト分野というのが存在しておらず，ちょうど自分が卒業する何年か後かにできる
予定でした．そのため，日本ではなく米国にスポーツマネジメントを学びにいこ
うという決意で単身渡米しました．スポーツの世界でキャリアを歩むきっかけと
なったのは，大学在学中，通っていた大学がある街の球団に日本人選手が挑戦す
るニュースを知り，日本人としてチャンスがあるだろうと思って，球団やスポー
ツ関係者に連絡を取り，広報インターンというポジションを勝ち取ることができ

新川　諒氏

ました.

　卒業すると同時にある球団で通訳を探してるというところから, 正式に通訳としてキャリアを積むことになりました. 昨年から日本を拠点とし, フリーランスという形で翻訳家やライターとしていろんな機会をいただいています. 軸としては, 放送局で海外スポーツの中継に翻訳でかかわるのが主となっています.

1）メディアとスポーツ

　まず, 始めに, この中でNBAって興味ある方いらっしゃいますか. NBAではこのオフに凄まじい動きが選手の移籍にみられ, 契約金が, ものすごく高騰しています. その背景として, メディアというのが大きくかかわってくると思うのですけども, この表はドラフトされてから6年以内の選手たちが, この5年間でスターと呼ばれる選手たちの年俸がどれだけ上がってきたかという数字を紹介させていただきますが, 選手の年俸がものすごい上がってるというのは一目瞭然で, 年俸20億, 30億稼ぐ選手が次々に出てきています. 日本と比較するのであれば, チームスポーツで1番年俸が高いのはプロ野球だと思いますが, そこのトップの選手で5億, 10億いかないと思いますので, 金額の大きさがはっきりとわかると思います. こちらが, サラリーキャップといって各球団が選手に対してどれだけお金を使っていいよという制限なんですけども, これが2000年の約34億円から, 2021年には約112億円になるだろうと予想されています. その背景には, 放映権の高騰があると思います. ちょうど今年のオフに, これまで契約していた

放映権契約が終了しまして新たに 2024 年まで結んでいる契約の額は年間 2,100 億円となっています.

　ここで，米国スポーツの放映権を NFL，NBA，MLB を中心に少し見ていきたいと思います．NFL は基本的には一括してリーグが放映権を契約して，その契約金が各球団に分配されていくというシステムです．これにより戦力の均衡を生み出し，良いバランスを保っています．その一方で，大都市を本拠地にする球団とスモールマーケットと呼ばれる規模の小さな街をホームとしている球団では，格差というのが本来はあるんですけれども，放映権をまとめることによってそれをなくしています．一方で，MLB，NBA は全国ネットで放映される試合に関しての放映権はリーグが一括して分配しているんですけれども，地元放送局と契約するときはそれぞれが独自で契約を行います.

　例えば，アメリカの中の誰もが知っている，ニューヨークやロサンゼルスという大都市を本拠地としているチームの試合に対しての視聴者の数は，小規模な街でチームを運営しているところに比べるとそれだけ視聴者の数が変わってきます．そのため，格差というのが生まれます．各球団で取得する放映権が変わってきてしまうと，リーグとしては対策が求められ，その解決策がせめて全国ネットで放映される試合に関しての放映権を一括し，分配して同等の額が各球団に入る仕組みを作ることです．次にリーグとしてやるべきことは分配する額を増やしていくことです．そのためにはリーグ自体の価値を高めていくという動きが必要になってきます．その活動の一環として，ソーシャルメディアを使ってリーグの認知度を上げ，次世代を取り込む活動をすることで試合に足を運んでもらい，人気を高めていくことが放映権の高騰につながります.

　世界にマーケットを拡大していく MLB の取り組みで，日本で開幕戦を行ったりとかというのも皆さんの記憶にはあると思いますけれども，WBC も MLB が国際的に価値を高めていくための戦略の 1 つです．一方，NBA ではどのようにブランディングして，価値を高めているかと言うと，スター選手を全面的に打ち出す戦略を行っています．スター選手，リーグの代表する顔を知ってもらうことで，リーグの人気をどんどん高めていこうという戦略です．さらには，高卒ドラフトの廃止があります．NBA は，2005 年ドラフトまで，は高校卒業してからすぐにプロになれたんですけれども，問題が起きたり，社会人としてまだ未熟な面が露骨に出てしまうことで，リーグのイメージが悪い方向に向かっていた背景が

ありました．それを廃止することで，1年だけであっても大学で教育面で成熟してから，プロの選手になってもらおうという動きとなりました．

　もう一点，これはおそらく MLB，NBA 両方に関して言えることですが，試合数の問題です．プレーオフの制度などでレギュラーシーズン後の盛り上がりは見せているものの，レギュラーシーズン中は試合数の多さからその1試合分の価値が損なわれ，その葛藤により，今試合数を減らそうかという議論も出ていますし，その辺も今後注目どころだと思います．先ほどネットビジネスがどんどんきているという話だったと思うのですけども，NBA は 1999 年から独自のプラットフォームを作り出して，自分のコンテンツを提供しています．NBA TV では，ネットで年間2万円いかない程度の額で全試合を見ることができます．MLB でも，2000 年から MLB アドバンスド・メディアという別会社を立ち上げて，一定金額を払えば MLB の全試合を見られるようにしました．最近では MLB アドバンスド・メディアで培った技術であったり，その放送の技術に対して NHL が6年契約を結びました．MLB が試合を提供するだけではなくて，そのノウハウや技術，動画を配信していくことに関して，ほかの競技のリーグがそこに魅力を感じました．

　ESPN という全米で 24 時間スポーツコンテンツを流しているチャンネルがあるのですけれども，そこは親会社がディズニーです．そのディズニーも，今 MLB アドバンスド・メディアと契約するという話で動いています．この中では，さらには PGA も MLB アドバンスド・メディアと契約をしました．今後，試合の見せ方について MLB から学んでいく模様です．NFL に関しては，実は海外配信からオンラインストリーミング事業を始めた後に国内へ展開していきました．海外で NFL を見る環境というのがまだまだ少なかったと思うのですけども，そこを NFL はゲームを広めていく機会と捉えていきました．その戦略が功を奏し，今では，毎年のようにロンドンで試合が開催されることとなり，長い期間の試合をオンライン上で配信してきたからこそ拡大した人気かもしれません．米国では，大学バスケットボールはテレビ局と連携して，ネット上で動画配信をしたり，リオデジャネイロでの開催されるオリンピックでは，NBC が独自でアプリを展開し携帯でいつでもオリンピックが見られる環境を作っていこうとしています．

2）現在の取り組み

　各競技のリーグなり放送局も力を入れて取り組んでいると思いますが，アメリカではものすごく人気が高いファンタジースポーツの存在は大きいかと思います．ファンタジースポーツを知っているという方，いらっしゃいますか？　ありがとうございます．実在する選手たちをドラフトしチームを作って，実際の彼らの成績でチームを競い合います．それぞれが球団社長，もしくは GM になってチームを戦術していき，その成績を争っていく．アメリカでは人気が高く，特に NFL は週 1 でしか試合がないので，試合が開催される日曜日の午前中は，朝から誰が欠場するのかというニュースを見ながら自分のチームを構成していきます．先ほども話しましたが，さらにはソーシャルメディアに対して各リーグや球団が SNS にものすごく力を入れてます．ファンの人が SNS にあげたいと思わせるような撮影ができるフォトスポットというのを各球場とかでも作ったりして，スポーツファンじゃないライトなファンたちにもスポーツを楽しんでもらえる取り組みを活発的にやっています．

3）今後の取り組み

　OTT（オーバーザトップ）というのは，インターネット回線を通じて動画やコンテンツなどを提供する通信事業者以外の企業なんですけれども，今後各チームが自分でそれを持ち始めるんじゃないかという噂もどんどん出てきています．

　これは実現するかしないかというのは，まだまだわからないところなんですけども，ロサンゼルスという大都市に本拠地を置いている NBA のロサンゼルスクリッパーズの球団オーナーが，放映権の契約を結ぶよりも自分たちで試合をネットで流した方が利益になるんじゃないかというつぶやきをしたことによって，そういう噂が出始めました．結果的には，やっぱりテレビという力はまだまだ認めざるを得ない現状もあり，球団オーナーもそれはないと否定したんですけども，そういうことを示唆してしまうぐらい，ネットというのは魅力的になってきているということです．

　メキシコにあるサッカークラブであるチーバスでは独自に，チーバス TV というチャンネルを作り出しました．テレビ放送局との放映権契約を一切せずに，ホームゲームの映像を有料のインターネットのサイト，チーバス TV でモバイルアプリと提携して流すという，独自のビジネスを開始しました．ここでは，年間米ド

ルにすると148ドル，1万5,000円ぐらいでホームゲーム全部を見られる形にしました．ファンからするとテレビで見られなくなってしまい，チーバスTVと契約するしか，試合が見られない状況となりました．もちろん，生で現地に行って見るということもできますけども，それ以外となると契約するしか見る方法がないという状況を作り出した海外のクラブもあります．

4）日本での取り組み

米国や海外でいろんな事例が進んでいますが，実際に日本は遅れているのかと言ったらそうではなく，実はパシフィックリーグマーケティング（PLM）のパ・リーグTVであったり，朝日新聞とリムレット株式会社が共同でバーチャル高校野球というのも展開しています．この2つを見たことあるよという人いらっしゃいますかね．

パ・リーグの試合を月額950円払ったら見られるサービスや，先ほど見たことあると答えてくれた高校野球の試合を，大学にいても，テレビが近くになくても，自分の端末で見られるサービスが増えてきています．このパ・リーグTVのさらなる取り組みとして，おもしろいのは先ほどMLBがPGA，ゴルフ界にその技術やノウハウを提供したという米国の事例があったと思いますが，日本でもこのパ・リーグTVは昨年，ゴルフの富士通レディースという大会と提携をして，その映像配信，野球向けに実用化された映像解析などのノウハウ，技術をゴルフに応用するため契約を結び，新しい視聴スタイル，ゴルフの新しい見方というのをゴルフファンへ届けました．パ・リーグ6球団が1つになって立ち上げたPLMでも，このように他のスポーツにそのノウハウを提供している事例を作っています．

内田さんの話に出てきた通信会社と，新たなプラットフォームをスポナビが作っていることは，皆さんの中にも浸透されていると思います．スポナビライブは，ソフトバンクという強力なバックアップを得てスタートしています．最近は海外から日本へ進出する例も見られ，イギリスのパフォーム社はJリーグと10年2,100億円という破格の契約を結び，今後は通信会社とスマートスタジアム事業において協業していくことを発表しました．パフォーム社が展開するDAZN（ダ・ゾーン）というサービスはいつでもどこでもライブ，もしくはオンデマンドでも好きなスポーツが見られる，そういうサービスを作っていこうとしてい

ます．先ほど話が出たようにJリーグと10年間2,100億円の契約を結んでいて，動いている額も破格となっています．スポナビとソフトバンクの契約でも4年間120億円で9月にできる新しいバスケットボールリーグのBリーグ放映権を獲得しました．

5）スポーツメディアに求められるものとは？

　今後，ネットで試合が見れるという環境が増えて行く中，これまでのスポーツメディアに求められることは何でしょう．主にテレビにスポットを当てたときに，これはニールセンスポーツの調査で出ていた数字ですが，人はテレビでスポーツを見ているときに，それ以外に何をしているかという統計ですけども，一番多かったのがインターネットに接続しながら，テレビでスポーツを見ている人です．それ以外には，電話で人と話しながら，ソーシャルメディアを使いながら，メールをチェックしながら，オンラインでゲームをしながら，スポーツの賭け事をしながらスポーツを見ている人がどれぐらいの割合いるのかという統計です．

　今後どういう視聴者への新たなサービスを提供するのかというと，最初からテレビを見てもらおうというのではなく，視聴者は携帯を操作しながら放送を見ているということを頭に置いた上で番組制作をしていくのも，1つの手かなというのは思っております．

6）SNSの活用

　イチロー選手が活躍しているマイアミ・マーリンズの試合を放送する地元テレビ放送局では，毎週火曜日の放送はツイッターをベースに視聴者とのやりとりを番組制作の中心とし，ほとんど試合の話をしない斬新な作りとなっています．ファンから来たツイッターのメールに関して解説者が放送中に答えるというスタイルです．もちろん，試合を無視するというわけではないですけども，試合の1球，1球追いかけるのではなく，ファンからの質問や疑問に答えていきます．解説と実況の人がそれを答えながら，うまく試合の方も無視しないような番組作りをしています．

　それ以外でも，メジャーリーグの試合を現地解説で見ていただいたらわかると思うのですけど，試合のことは話してなくて，ツイッターやインスタグラムでファンが送ってくれた写真を紹介したりとか，インターネットと共有した番組づくり

をしたりする放送局も，最近よく目にすることがあります．そして昨日発表があったツイッターと MLB アドバンスド・メディアの契約では今後，ツイッター上でMLB の試合ですとか，MLB アドバンスド・メディアと契約している NHL の試合をツイッター上で流していく取り組みをおこなっていくようです．さらには，ツイッターと共同でスポーツのハイライト番組を作っていこうという取り組みも発表されました．フェイスブックは以前から NFL と契約をして，シーズン中に何試合かフェイスブック上で試合を流していくという取り組みを始めたので，オンラインメディアの戦国時代，ソーシャルメディアサイトまでもが，新たなプラットフォームとしてスポーツストリーミングを配信していく時代となりました．

7) プラットフォーム

　最後に，これは私事で恐縮なんですけども，個人的にこういうプラットフォームをエイベックススポーツと共同で立ち上げました．テキサス・レンジャース所属のダルビッシュ投手とかもされてるのですけども，有料化していろんな形で情報を提供していこうという取り組みです．私のような素人にとっては無謀な挑戦ではありますが，このように個人が持つプラットフォームという時代も，もしかしたら近い将来増えてくるかもしれません．アメブロを始め，芸能人のソーシャルメディアなどは皆さんも自然に見てしまう1つのコンテンツになっていると思いますし，特に，芸能界やスポーツ界では可能性が広がっていくのではないでしょうか．ダルビッシュ投手は自らのプラットフォームで練習方法やトレーニング方法を動画で流したりとか，リハビリの経過とか，一般メディアには言わないことを掲載しているようです．有料なプラットフォームを作り，それを求めるファンに対してメッセージを発信していく取り組みもどんどん増えてくるかもしれませんね．以上です．ありがとうございます．

質疑応答

（司会者）　新川様，ありがとうございました．それでは質問時間に移りたいと思います．質問班お願いいたします．

（質問者）　貴重なお話ありがとうございます．スポーツ健康科学部3回生の遠藤です．新川さんの専門と少し内容がずれてしまうかもしれないのですが，質問をいくつかさせていただきます．まず，1つ目にリーグの価値の高まり

によって放映権が上がることで，テレビ側の利益を確保できなくなることが
米国でも起きるのでしょうか．また，起きたときにどういった対応が考えら
れるでしょうか．

（新川氏）　そうですね．基本的には放送がなくなるというよりかは，お互いに
相乗効果を生んでいければいいのではないかなと思います．チーム側として
は，1番はスタジアムにみんなで足を運んでほしい，そこの雰囲気をテレビ
で映し出して，それを見た人たちが，ああ盛り上がってるな，楽しそうだな，
私も行きたいなと思わせるのが多分相乗効果になるかと思います．それぞれ
の良さもありますから，それで放送がなくなるということはないと思います．

（質問者）　ありがとうございます．2つ目の質問なんですけど，プロスポーツ
を見にスタジアムに行く観客数が増えれば，同じ顧客を対象としていること
から有料放送の契約者数が減るといったことは起きるのでしょうか．また，
そういった場合に，両者ともに利益が得られるビジネスモデルはあるので
しょうか．

（新川氏）　先ほど話したように，恐らく相乗効果だとは思うので，今後そこの
見極めというのが多分お互いにどうなっていくのかなというのはあるかと思
います．オリンピックにせよ，ワールドカップにせよ，放映権というのはも
のすごく高くなってきているので，今後それが高騰していくと本当にテレビ
局は払えるのかとか，それに価値があるのかというのが疑問になってくると
思います．どのタイミングでテレビ局が手を引いて，球団側が自ら OTT と
いう先ほどのクリッパーズの例じゃないですけど，チーム自体が自らメディ
アを作っていくというふうになってくると思います．そうなる前には，両者
ともに利益が得られるビジネスモデルの構築が急務となってくるかと思いま
す．

（質問者）　ありがとうございます．最後の質問です．今，こういった放映権は
メジャーリーグが基本的に多いと思うのですけど，マイナースポーツでは
やっぱりどうしても人気が低いことから，ターゲットとなる市場が小さくな
る可能性があると思います．そういったときに，マイナースポーツでの有料
放送のビジネスモデルというのは成り立つのでしょうか．

（新川氏）　こちらは多分，GAORA さんのエリアですが，先ほど陽が当たって
ないコンテンツというのを，どう皆さんが見たいものにしていくかという

取り組みを GAORA さんは始めの頃からやっていると話していたかと思います．そうですね，でも形としては，これは有料放送ではありませんが，テレ東さんなんかが，卓球がそこまで陽が当たってない時代から根気よく卓球を流し続けて，今ではメダルを狙う選手を多数輩出するようになりました．日本の卓球界は，ある意味，テレ東さんが我慢強くやっていたことが身になっているという事例もあります．そういうコンテンツをテレビ局さんがどう見つけ出してくるかというのが今後の課題だとは思います．

（内田氏） まさにその通りです．

（質問者） ありがとうございます．

（司会者） 新川様，貴重なお話をどうもありがとうございました．以上で本日の講演はすべて終了とさせていただきます．繰り返しになりますが，松本様には新聞ジャーナリズムの視点でのラグビーの記事の例をあげるとともに，メディア経済と結び付けた今後の新しいあり方についてお話をいただきました．そして，内田様には有料衛星放送にしかできない取り組みでターゲットを絞ったり，また陽が当たってないコンテンツの開拓，地上波との連携など新しい取り組みについてお話をいただきました．最後に，新川様には，米国の取り組みと比較した上でのスポーツメディアの今後の取り組みについてお話をいただきました．ご来場の皆様もスポーツメディアの今後の展望について少し新しいものが見えたのではないかと思います．

　それでは，ここでフロアからの質問を受け付けたいと思います．誠に勝手ながら，本日は時間の都合上，フロアからの質問を1つ2つに絞らせていただきたいと思います．ご来場の皆様，何かご質問ありましたら挙手をお願いします．ありがとうございます．

質疑応答

（質問者） 内田さんにお伺いします．お話の中でスポーツコンテンツの価値は多様性にあると，まさしくそのとおりだとは思うのですけれども，一方で，インターネット配信というところが伸びてきてるところに，好きなときに好きなものを見られるという点もあるというふうにおっしゃっていました．ここに1つ矛盾が生じているのかなと感じています．私もスマホでメディアを

見ているという状況ではあるのですが，実際に生中継でやっている時間帯に自分が見られなかったり，他のことをやっていて見られなかったりというのがあります．そこの矛盾ですよね．ライブでやってるのに自分が見られないけど，好きには見られるというところを，インターネットの有料配信のところではどういうふうに解決していくべきなのかなということをお伺いしたいと思います．

（内田氏）まさにおっしゃるとおりで，私自身もガンバ大阪のアウェイエリアのホームゲームはほとんど行ってますが，アウェイゲームを見られないとき，例えば，どうしても用事が入って見られないときとかは録画しておいて見るか，携帯からもスカパーでJリーグが見れますので，家に帰って録画を見るのが待ちきれないときは，電車の中で追っかけ再生したりしてます．矛盾してると言えば矛盾してますけれども，逆にいつでもどこでも見られれば便利じゃないですか．なので，そういうサービスもできるようにしなければいけません．むしろ，そういうサービスもすごく利便性がものすごく高まれば，好きなものを好きなときに見られるスポナビライブさんであったり，パフォームさんのDAZNというサービスであったり，というのはライブだけではなくて見逃し配信というのを，先ほど新川さんもおっしゃいましたけれども，見られるのでその両方を成立できれば理想的なのかなという答えで大丈夫ですか．

（質問者）ありがとうございました．私が今，考えているのは今後そのコンテンツを配信していってインターネットだからこそデータが蓄積されると思うのですね．この時間帯に流せば，これだけの視聴率が取れると，時間帯を変えていくことができるのが地上波との違いなのかなと思っていて，一番視聴率が取れる時間帯にライブで流すというその編成の仕方を工夫していくのが，インターネットでも有料放送でも鍵になってくるのかな思います．

（内田氏）なると思いますし，おもしろい数字がありまして，選抜高校野球，毎年春に開催されている高校野球の全国大会ですけれども，夏の全国選手権大会だけではなくて選抜大会も毎日新聞さんのホームページで生で見ることができます．実際，その視聴数の結果が出ました．土日の試合とか決勝戦，決勝戦は高かったのですが，土日よりも平日の方がアクセス数が高かったのです．これ，もしかしたらと思ったのは，授業中に皆さんがライブで見てる

かもしれないということです．もしくは私，たしかに仕事しながらそれで見ていることがあります．私以外の働いてる方々も，もしかしたら，会社で堂々とテレビをつけて高校野球を見ることってなかなかできないと思いますけれども，自分の机でノートパソコンを開いて，こっそり仕事をしてるふりをしながら高校野球を見ることは，こういうことは倫理上余りよくないですけれども，私自身もサラリーマンですし，よくないですけども，そういう形で視聴してる方がたくさんいるのではないかと思います．私自身も平日に開催していて，先ほどスポーツの試合って多くが土日に開催しているって言いましたけれども，平日の昼に開催していて，かつ多くの方々に見てもらえるコンテンツって何だろうと考えています．まさに先ほどおっしゃってましたけれども，高校野球の予選って平日，大体土日にやってますけど，月曜日であったり，今日もやってましたけど，学生スポーツってそこありなのかなと思ったりもしています．

　あとはごめんなさい，話が長くなりすぎて，放送局として特に地上波系ですね．長年ずっと放送してきたので，その権利を今でも放送できる権利があるのであれば，アーカイブとして懐かし映像とかが出たら見たい人は見ると思うし，私自身も松坂大輔の1998年の試合をたまにネットで探してみることもありますし，そういうアーカイブ的な使い方も長年ずっと放送してきた放送局ならでの強みなのかなと思っております．

（質問者）　ありがとうございます．

（内田氏）　阪神タイガースとか日ハムを放送してきたから，過去のものを放送できるように権利交渉をすることもあります．ライブだけではなくてアーカイブ，過去のものを好きなときに好きな場所で見られるという環境ができれば，ますますスポーツで生活が楽しくなるのかなと思いますので，そういうサービスもどんどん自社ができればいいと考えています．ありがとうございます．

（司会者）　ありがとうございます．ここで終わらせていただきたいと思います．それでは，最後に講師の皆様から一言ずついただきたいと思います．新川さんから順によろしくお願いします．

最後のメッセージ

・新川氏

　改めまして，ありがとうございました．私の方は，内容が米国の事例が多かったのですが，就職活動を控えている皆さんにフリーランスとしての働き方も知ってもらえたらなと思います．周りから見たらふらふらしてるんじゃないかと思われがちなんですけども，いろんな形でのスポーツやメディアとのかかわり方というのも1つ持ち帰っていただければとも思います．やっぱり私自身，海外に小さい頃から行って，大学も米国だったことから，日本とは違ったスポーツメディアの部分ですとか，いろいろなことを知ることができたので，そういう部分も伝えられればなと思いました．最後は趣旨とは少し外れましたが，ありがとうございました．

・内田氏

　今日はどうもありがとうございました．そして，話が長くなってすみませんでした．私自身皆様と大体同じ年齢のときに就職活動でスポーツの仕事したいなあ，でもスポーツの仕事だったら余り給料高くないらしいし，生活きつくなるかな，それだったら一般企業の方がいいかなとかいろいろ悩んでおりましたが，最終的にスポーツの仕事に就くことができてました．辛いこともたくさんありますし，しんどいこともありますし，過労で倒れたこともありますけれども，やっぱり自分自身が好きなことを今，仕事にできていてすごく充実しております．好きなことを仕事にした方がいいとか，しない方がいい，いろんな意見がありますけれども，私自身の中では好きなことを仕事にできれば辛いことも乗り越えられると思います．なので，皆さん，スポーツだけに限らず興味のあることをどんどん追求してそれを仕事にすれば，きっと楽しいことがあり，辛いことも乗り越えられると思います．いろいろなことに興味を持って，自分自身本当に何が好きなのかなということを見つけていただければ，今後，人生楽しくなると思います．ありがとうございました．

・松本氏

　今日はありがとうございました．最後なんで，ネットは嫌だという話をちょっとだけしときたいと思います．ネットでは言葉が尽くせません．それが最大の欠陥だと思います．実は，新聞記者は自分の書いたものが怖くなくなったら終わりだとよく言われます．とにかく，私も今そうですけど，たとえ10行でも20行で

も原稿を書いて出せば，それが新聞の紙面になって出て，1日やっぱり怖いです．どこからどんな抗議が来るかわからない．それを書いた人が，いや，私の言ったことと意図が違うじゃないかと言ってくるかもしれない，言ってきてくれたらいいけど，沈黙を守ったまま，その人は不満を持ってメディアに不信を持っているかもしれない．新聞に限らずですけれども，メディアにかかわる人間が自分の発信したことを怖いと思わなくなったらもう終わりなんですが，ネットではなかなか怖いと思えないのです．これは．私自身が使っててもそうですけども．すぐに消せるしごまかせるし，大量にあるから何かわからなくなってしまう．だから，よくメディアリテラシーとか言われて，受け手のほうがたくさんある情報の中から，それを選択してどれが正しいか，間違ってるか選択せよと言われますけど，私は不可能だと思います．この世の中で．

　これだけ情報があふれてる中で，受け手の方に，お前が，賢くなって情報を選別したらいいよ，なんていうのは無責任な話で，発信する側がそれなりのきっちりとした倫理観を持って発信しないといけません．先ほどからたくさんデジタルメディアの話を聞いて知らなかったことがいっぱいあって勉強になったんですけど，いいところだけばっと見て多分終わっちゃうと思うのね，すべてね．そこに隠されてることというのが山のようにあって，それをいかに発信側が出していけるか，表現できるかって，表現するときに怖さを持って表現できるかということを，もっともっと持っていかないといけません．スポーツなんて，すごい場面をばーっと流せば，みんな，すごいなとそれで熱中して終わってしまうわけで，ものすごくごまかしのきくコンテンツだと思います．一気にいい場面だけ流せばいいわけで．じゃなくて，その中にどんなものが本当は含まれてるのかということを，発信する側がやっぱりきっちりと出してやらないと，これから受け手の方が選択をすればいい，頭が良くなればいいよというような，そんなふうなことをやっていくとメディア自体沈没していくのではないかとちょっと思いました．偉そうなこと言ってすみません．最後ですけど，お願いですから1週間に1回ぐらい新聞見てください．お願いします．

（司会者）　講師の皆様，ありがとうございました．それではご来場の皆様，講師の皆様に今一度大きな拍手をお願いします．講師の皆様，本当にありがとうございました．以上を持ちまして，スポーツマネジメントプロジェクト第2回ネット社会がもたらすスポーツメディアの発展を終了とさせていただきます．本日は皆様，お忙しい中，ご参加いただき誠にありがとうございました．

（担当学生：枝元　遥，松本昂大，岩井凌太）

第3章　スポーツファイナンス

1. 官から民へ新たなビジネスモデルの可能性
　　桂田　隆行　株式会社日本政策投資銀行地域企画部参事役

2. 新たなスポーツビジネスの可能性
　　関口　貴弘　デロイト トーマツ ファイナンシャルアドバイザリー
　　　　　　　　　合同会社ヴァイスプレジデント

3. スポーツを生かした新たな商業施設のコンセプト
　　大柴　信吾　東急不動産株式会社都市事業ユニット都市事業本部
　　　　　　　　　商業施設運営部グループリーダー

　現在，世界中でスポーツ市場は拡大し，スポンサーシップのみならず，放映権の高騰などあらゆる面でスポーツに対する投資が増えています．

　日本では，2020年東京オリンピック・パラリンピックの開催が決定し，スポーツ産業はさらなる賑わいを見せています．そのような中で，スポーツ産業は官から民への動きが強まり，PFIやPPPといった民間企業への委託が活発になっています．

　海外に目を向けると，スポーツビジネスはスポーツ自体がその国の文化として根付いていて，半自動的にお金が儲かるような仕組みができており，その多くの収入は個人がスポーツクラブの会員になり地域のコミュニティの基盤によって成り立っています．そして，実際にスポーツには関係のないような企業もスポーツへと投資し始めている現状があります．スポーツへ投資価値を見出し，投資する，今までにはなかった新しいビジネスモデルが見え始めています．

　この章では，スポーツへ投資する企業に着目して，スポーツを投資対象として見出した理由，またそういった新しいビジネスモデルの可能性，具体的にどのようなメリットがあり企業は投資するのか，また投資によって期待することは何かを異なる業界で活躍されている3名の方々から，それぞれのスポーツ産業へのかかわり方について話していただきました．

　桂田隆行様からは，銀行としての立場からスポーツ業界にどのようにかかわっているのかを，スタジアム・アリーナやスマート・ベニュー®といった例をもとにお話ししていただきました．関口貴弘様からは，コンサルティング会社という視点から，スポーツビジネスの現状と可能性を日本のみならずグローバル的な支援について具体例をあげながら，お話していただきました．大柴信吾様からは，不動産業からのスポーツ分野へのかかわりを，もりのみやキューズモールBASEを具体例として，その土地とスポーツを結び付けた街づくりについてお話していただきました．

　それぞれ，一見するとスポーツとは関係の薄い企業であるように感じますが，それこそがスポーツビジネスの幅を広げていくヒントになっているのです．

　皆さん，お待たせ致しました本日はお集まりいただき誠にありがとうございます．今回，セミナーでは新たなビジネスモデルの可能性，同志社としてのスポーツというタイトルのもとにそれぞれ企業の皆様からお話し伺ってみたいと思います．

1．官から民へ新たなビジネスモデルの可能性

（桂田隆行）

　改めまして日本政策投資銀行地域企画部から参りました桂田と申します．私の方からは，スポーツ分野での弊行での取り組みのご説明をさせていただきつつ最後の方で，スタジアムやアリーナとか施設のお話を少しさせていただいたりできればと思っています．最近のスポーツビジネス業界はいろいろな話題が上がっていて，まるでバブルか祭りのような状態になっています．皆さんと情報共有ディスカッションさせていただければ嬉しく存じますし，私からの説明が終わった後，関口さんと大柴さんから正に最前線でやってらっしゃるお二方からのお話しをさらに聞いていただければきっと90分実りのあるやり取りになるのではないかなというふうに思っています．最初に，日本政策投資銀行の組織紹介を5分位させて下さい．私ども日本政策投資銀行は略称でDBJと言われています．私どもの前身は日本開発銀行および北海道東北開発公庫という政府系の金融機関です．現状，全額政府出資です．もともと得意にしていた所が，中長期融資というもので，設備資金を資金使途対象に融資するということを行ったりしています．さらに出資にも取り組んだりしております．また，弊行は中立性という点にも特徴があると思います．

1）日本政策投資銀行地域企画部におけるスポーツ関連業務への取り組み

　地域企画部におけるスポーツ分野での最初のレポートとしましては，スマート・ベニュー®の報告書です．スマート・ベニュー®とは周辺のエリアマネジメントを含む，複合的な機能を組み合わせたサステナブルな交流施設を意味する造語です．その他スポーツツーリズムレポートや，2015年には国内のスポーツ産業の市場規模に関するレポートも出させて頂いた所です．このレポートで算出した国内スポーツ産業の市場規模の数字が，経済産業省とかスポーツ庁によって引

桂田隆行氏

用されております．その他，障害者スポーツの調査を日本財団さんと一緒に行いました．あとはラグビーワールドカップ 2019 開催による開催都市の経済波及効果の試算も行ったりもしました．今，自身びっくりしているのは，弊行もスポーツ分野の調査を行っているところなのですが，コンサルティングファーム様におかれてもいろいろとスポーツ関係に多大にご関心を持ってらっしゃるという所で，スポーツ分野にかかわれる可能性が凄く増えていることです．

2）スマート・ベニュー® の可能性

スマート・ベニュー® に付言をさせていただきますと，このレポートの表紙のような絵で街の機能が連携しあえれば良いな，と思って 2013 年 8 月に公表させていただきました．公表の当時は 2020 年のオリンピック，パラリンピック競技大会が東京で開催されることが決まる前ということもあり，あまり注目されなかったのですけれども，その後，2020 年のオリンピック・パラリンピック競技大会開催地が東京に決まり，2015 年にスポーツ庁が発足したあたりから，ありがたいことにさまざまな方々からご関心を頂いている報告書です．レポート作成を行いつつ，2014 年度までスマート・ベニュー研究会を平行して開催しております．委員長は早稲田大学スポーツ科学学術院の間野義之教授で，その他，J リーグ，V リーグ，後にもご紹介するアリーナの先進事例であるゼビオアリーナを整備されたゼビオの方など，スポーツ関係の多士済々の方々に委員として入って頂いておりました．その研究会では，今までのスポーツ施設の多くが街の郊外に立

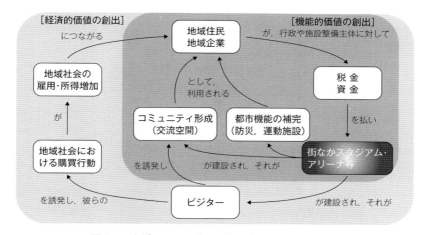

図1　スタジアム・アリーナ等が地域にもたらす価値

スタジアム・アリーナ等は周辺地域に経済的価値をもたらすと同時に，都市機能を補完するような機能的価値も創出．これらが地方財政を圧迫することなく機能することこそが，「スマート・ベニュー®」につながる．

地していたというものを，整備するのであれば街なかにつくって街とも連携して，収益改善に向けて努力しましょうっていう議論をしておりました．

　図1・図2は，地域の方がお金を投じて街なかにスタジアム・アリーナが整備されたら，ビジターが来て経済的効果も生まれ，防災拠点にもなります，ということで経済面と機能面と両面に良いことがあるのではないか，だから，スポーツを核に，例えばスタジアム・アリーナを核にまちづくりしませんかという概念的なご提案というものです．ただし，スポーツ施設って正直なかなか収益の上がりにくいにくい施設なので，スタジアム・アリーナ単体で収益を生み出すのは正直難しいです．この後，もちろん関口さんからも似たお話は頂けるかとは思いますが，収益が上がらないのであればスタジアム・アリーナ整備には取り組みません，と単純なものでもなくて，街全体の総合採算で考えませんかとか，まちづくりとして街の集客拠点として街のシンボルとしてスタジアム・アリーナが必要なのであれば自治体にひと肌脱いでもらいましょう，国にもひと肌脱いでもらって皆で一緒にやりましょうということを提言させて頂いています．

　最近，全国各地でスタジアム・アリーナを核とした街づくりをしようとする動きが出てきていると思います．こういう案件には，スポーツチームの職員だけで

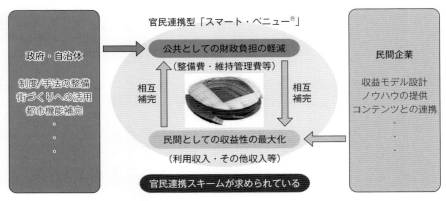

図2　官民連携スキームによる「スマート・ベニュー®」の実現

日本国内におけるスタジアム・アリーナ等は，既存のスポーツコンテンツの集客力等も考慮すると，必ずしも収益性の高い施設とは言えないだろう．「スマート・ベニュー®」を実現させるには，官民の連携が必要なケースが多くなると考えられるが，そのためには相互補完的に機能するような連携が必要.

はなく，デベロッパーにいても関与できるはずですし，また，スタジアム観戦用のアプリがあって，そのアプリとかを使って料理を注文するとか見逃し配信を後で観るとかできるようになってきているのですけれども，これも別に球団のスタッフでなくても，ソフト会社にいても関与できるわけで，スポーツ関係の仕事をする裾野が広がっているのではないかなあと思います．だから皆で連携して一緒にやりましょうということに今なってきているのかなというふうに思っています．

3) 最新のアリーナ・スタジアム

　あと，3つほど先進事例施設をご紹介させていただければと思います．1つ目はゼビオアリーナ仙台です．こちらの皆さんでもゼビオアリーナ仙台って知っておられる方っておられますか？　スマート・ベニュー® の研究会の委員としても入っていただいているゼビオさんがアメリカのアリーナのような施設を整備されたのですけれども，バスケなどスポーツ興行主体ではありますがコンサートでもよく使われるような，観るに楽しいアリーナです．2つ目が新潟県長岡市に立地するアオーレ長岡，JR長岡駅から直結した市役所が併設されたアリーナで，今般，Bリーグのアルビレックス新潟がホームにするアリーナです．街なか，長岡駅に

直結している駅前アリーナということもあって，中心市街地の活性化に非常に寄与している施設です．中心市街地の歩行者通行量が 2012 年アオーレ長岡のオープンから飛躍的に増えて，商店街に飲食店の再入居があったりしているようです．3 つ目にご紹介する施設が，2017 年春にオープンする北九州スタジアムです．このスタジアムは，JR の小倉駅から直線距離で 500 m の場所というもの凄く良い場所に建設されています．ちなみに計画分も含めて電車の駅から一番近いスタジアムというのは，今度できる京都スタジアムで，駅から 250 m らしいのですが，北九州市の方にお伺いしますと，北九州スタジアムは新幹線駅から最短の距離に立地するスタジアムということです．で，スタジアム建設地の周りには，コンベンション施設やホテルが立地しています．この 15,000 人収容の北九州スタジアムへの来場者に周辺を回遊してもらいたいと市では考えておられます．このスタジアムは私どもとしましてもスマート・ベニュー® という概念が入っておられる素晴らしい施設だと思っている次第です．

4）スポーツ施設収支データの不足

　スポーツ施設は，収益が上がりにくいと言ってしまいましたが，実はスポーツ施設って，スポーツ施設としての収支の表が作成されていないことが多いです．普通何かをしたい，造りたいというときには，最初設計図も描いて夢も描いて，こういうことをこういう計画でやっていきたいと描くのですけど，その後に，じゃあそれをするのにお金をどう集めてきて，毎年どうやって資金繰りを回していくか，というのを絶対考えなきゃいけない部分です．私どもは銀行としてその査定はさせてもらっています．公共スポーツ施設の分野では，今まで収支を考えるという概念があまりなかったのだと思います．あとは，スマート・ベニュー® というレポートを書かせていただいたので，正に官民連携でスタジアムやアリーナを活かしたまちづくりに取り組みたいって言っていただいているプロスポーツチームさんからもご相談を有り難くいただいているので一緒にコンセプトワークをしています．そういうものがしっかりエリアマネジメントの話にもおよびながらコンセプトワークとプロジェクト策定できたら，わが国スポーツ産業の市場規模を 3 倍に伸ばす，庄子先生も各種講演会などでそうおっしゃっておられるのではないかと思うのですが，われわれも少し貢献できるのではないかと思っております．

5）おわりに

　あとは，弊行は国などのスポーツ産業やスタジアム・アリーナ関連の各種委員会に参画させていただいています．スポーツ庁様とか経済産業省様が本当に頑張っていろいろ立ち上げておられるので，加速度的にスポーツ産業の取り組み分野が拡がっていると思っています．私自身スポーツ産業をもっと勉強したいと思っていますし，皆さんのお知恵も是非いただきたいと思っております．今日，ご縁を頂いたことを嬉しく思っておりますし，スポーツという分野に着目する大学が最近本当に増えています．昨日も，慶應義塾大学の日吉キャンパスへ行ってスポーツ産業関連のセミナーに参加してきました．慶応義塾大学様ではニューヨーク大学から先生も呼んで1日かけて大がかりなセミナーを開催されておられました．スポーツ分野がこれからどんどん関心が高まっていくことを期待していますし，同志社大学様ともご縁をいただければ嬉しく思います．私からは以上です．ありがとうございました．

　（司会者）　ありがとうございます．それでは質問の時間に移りたいと思います．質問班宜しくお願いします．

　（質問者）　貴重なお話有難うございます．先程の話で官民との連携スキームが重要との話を少しされたと思うのですが，そこでの政府と関連した事業を行ったときのメリットとそのときに起こるデメリットの方を教えてもえますか．

　（桂田氏）　はい，ご質問有難うございます．官民連携スキームは是非進めていかなければいけないなあと思います．官にかかわってもらうことは，地域に必要なプロジェクトだとお墨付きが与えられたことになることだと思います．その点からも，官はやっぱり必要な存在だなと思います．

　逆にデメリットは，プロジェクトメイクに時間がかかってしまう可能性があることや，公共のためにという観点からさまざまな関係者のニーズを満たさなければならなくなり，特化したコンセプトを打ち出しにくくなることではないでしょうか．ゼビオアリーナ仙台の場合は，官民連携事例ではあるものの，施設建設資金をすべてゼビオ様で出されて建設されたことは，あのようなシャープなアリーナを整備することができた大きな要因であると思います．

（質問者）　デメリットの方ですけれども，やはりそのように動きにくくなるということがあると思うのですがそのようにした場合は，どのように対策というかデメリットを良い方向にしていったら良いと思いますか．

（桂田氏）　その点について回答させて頂きますと，関係者間のボタンの掛け違いを少しでも防ぐようにしなきゃいけないと思っています．その結果として，プロジェクトメイクにある程度時間がかかってしまうのは仕方ないと覚悟を決める必要があるのではないでしょうか．ここにおられる皆様は，きっとスポーツ分野での仕事に将来就きたいと考えておられる方々でしょうから，スポーツにすごく綺麗なイメージをお持ちだろうと思いますが，実際にスポーツ分野でのプロジェクトを立ち上げてみると，現実は必ずしもスポーツでやること何でも OK と思ってくれる人たちばかりではないので，議論の中でどうしても軋轢が生まれます．なので，自分たちがやりたいスポーツ分野のことだけを考えるのではなくて，地元自治体における政策課題や地元住民における課題を解決できるような事業も組み込んだりして，さまざまな人たちの思いを汲んでプロジェクトメイクすることが大切だと思います．

（司会者）　桂田様貴重なお話有難うございました．それでは続きまして，関口様にご講演賜ります．宜しくお願いします．

2．新たなスポーツビジネスの可能性

（関口貴弘）

　デロイト トーマツ ファイナンシャルアドバイザリーの関口と申します．宜しくお願い致します．

1）デロイト トーマツについて

　私もまず，自己紹介させていただければと思います．みなさん，「デロイト」とか「トーマツ」という名前を聞いたことがありますか．当社は，いわゆる B to C と言われる一般消費者に直接サービスをする企業ではなく，B to B という，企業にサービスを提供する会社です．デロイトとしては，世界の 150 を超える国・地域で約 22 万 5 千人の専門家を有しています（2016 年 10 月 12 日現在）．日本

関口貴弘氏

では主に，有限責任監査法人トーマツ，デロイト トーマツ コンサルティング（DTC），デロイトトーマツ税理士法人，そして私の所属する，デロイト トーマツ ファイナンシャルアドバイザリー（DTFA）という会社があり，デロイト トーマツ グループを構成しています．監査法人では，会計監査やカバナンス等，DTC では，企業戦略，事業戦略や人事，IT 等のコンサルティング，税理士法人では，いわゆる税務周り全般，DTFA では，M＆Aや事業再生などのクライシスマネジメント等のサービスを提供しています．その中で，私が所属するスポーツビジネスグループは，デロイト トーマツ グループの各種サービスを横断的にワンストップで提供するための窓口として存在しています．例えば各球団・チーム，リーグ，親会社，スポンサー，メディア等の課題に対して，グループ内のベストな組み合わせでサービスを提供するという形です．なお，デロイトとしては，20 年ほど前からスポーツビジネスに関与していまして，例えばUK では，ご存知の人もいらっしゃるかもしれませんが，「フットボール・マネー・リーグ」とか，「フットボール・ファイナンス」などのランキングやレポートを発行しています．スポーツが好きな方は，レアル・マドリードとか，マンチェスター・ユナイテッドなどのクラブチームが年間どの位稼いだか等のレポートを見たことがあるかもしれませんが，それを発行しているのがデロイト UK です．

2）デロイトの日本と他国における役割
　日本におけるスポーツビジネスのマーケットは他の産業および他国と比較して

大きくないのが現状ですが，それを変えたいという想いがあり，スポーツビジネスマーケットの拡大と産業化の支援を目指し，日々活動しています．

海外では，ロンドンオリンピックの際にCFOという財務責任者を出したり，運営面でも広くサポートをさせて頂いたりした実績があります．ロンドンオリンピックに関するレポートですとか，先程の「フットボール・マネー・リーグ」の他に，フランスでは，ラグビーワールドカップの潜在的経済効果，バスケットボール・ワールドカップの潜在的経済効果のレポート等も発行しています．

一方，国内では，Ｊリーグの公開財務データを分析したレポートをスポーツ関連メディアに寄稿したり，インタビューを受けたりしています．あとは後程ご紹介いたしますが，「J-League Management Cup」という，Ｊリーグの公開情報をベースに経営面からランキング付けをする当社独自のレポートを発行しています．また，その他実際の案件としては，皆さん野球日本代表の侍ジャパンをご存知かと思いますが，侍ジャパンのための，NPBエンタープライズという会社の設立に際し，その会社に持たせる機能・権利の整理や，事業計画の策定，財務シミュレーション等を支援させて頂いたこともあります．あとは，Ｊリーグが発行している「J.LEAGUE PUB Report」というレポートをご存じでしょうか．Ｊリーグとしての課題が書かれているのですが，その取りまとめも支援させて頂いております．

他には，Ｊリーグのライセンス制度では，各クラブが財務状況等を毎年リーグへ申請する必要があるのですが，今までは主に紙ベースだったため手作業が多かったものを，各クラブ，リーグ双方の効率化を図るべく，システム化の支援をさせていただいた実績もあります．

3）企業経営の支援

その他，関連会社・子会社の再編，ガバナンス・コンプライアンス，内部統制の整備支援，中期経営計画の策定支援や，非営利化法人のスキーム検討支援等の実績もあります．特にスポーツのクラブやチームは会社形態として株式会社だと上手くワークしないケースがあり，その場合には，一般社団法人，公益財団法人等への非営利法人化も解決策の1つとなる場合があります．特にスクール事業については，主に地元住民への公共の利益に資するサービスとの位置付けから，公益法人化を選択する場合があります．そのような企業経営に関する支援をさせていただいております．

4) スポーツビジネスへのかかわり

スタジアム・アリーナ関連は複数支援させていただいておりますが，中にはかなり初期の段階から支援させて頂いているものもあります．その1つをお話ししますと，某チームのホームアリーナ建設計画の事例です．当初，国体に向けて建設が計画されている体育館をホーム・アリーナとして使用することも選択肢として検討していましたが，その体育館は中心地から離れた場所にあるため，某チームは特に集客に不安を抱えていました．先程桂田さんのお話しにもあったとおり，まちづくりの中心になる大きな可能性があることを考えると，街なか，駅近という要素が大事になります．

またこの案件の場合，国体を契機とした「するスポーツ」のための体育館と，地方創生・活性化に資する「見るスポーツ」のためのアリーナの違い，計画，ビジョン等をチームと自治体で共有することで，街なかかつ駅近の開発されていない県有地・市有地の活用について，前向きな協力関係が構築できつつあります．この案件からも，スポーツと「公共性」は完全には切り離せないものでもあり，官民連携は非常に重要であるということがわかると思います．

5) FC今治への支援

その他デロイト トーマツ グループの支援事例としては，サッカー元日本代表監督の岡田武史氏がオーナーを務める四国サッカーリーグ所属のFC今治を支援しています（2016年12月7日にJFL入会が全会一致で承認され，2017年度からはJFL所属）．デロイト トーマツ コンサルティングは2015年よりFC今治のトップスポンサーとしてユニフォームの胸スポンサーとなっているほか，岡田オーナーによる新体制下でのリスタート期の経営基盤整備の支援等を行ったこともあります．

6) グローバル的な支援方針

グローバルでは，南アフリカのチーム・ディメンションデータという自転車ロードレースのチームを支援しています．チーム・ディメンションデータは，アフリカ初のツール・ド・フランス出場チームで，クベカ（Qhubeka）というNPO団体を支援しています．アフリカでは，子どもたちの通学に，歩いて片道2時間とか3時間とかかかるケースがあり，そういった子どもたちに，クベカが

自転車を贈ることで，子どもたちの通学時間を片道30分とか1時間に短縮することができます．そうすると，これまで通学にかかっていた時間で，子どもたちは自宅で勉強することができるようになるのです．教育の重要性は，皆さん身をもってご存知かと思いますが，受ける教育のレベル次第で，将来進む道・職業の選択等に，かなり広がりが出てきます．実際クベカの活動によって，将来医師になるという夢ができたとう子どもがいると聞いています．また，自転車には必ずしも整備された道路等のインフラは必要でなく排気ガスも出ないため，環境へ負荷を与えず，すぐにインパクトを作り出せ，かなり素晴らしい活動だと個人的に思っています．デロイトでは，「Deloitte makes an impact that matters」という言葉を指針としています．これは，社会におけるインパクトを作り出すといった意味で，このような事例を増やしていきたいと考えています．

7）J-League Management Cup について

もう1つ，先程の「J-League Management Cup」について，概要を説明させて頂ければと思います．このレポートでは，Jリーグのクラブ経営において，重要と考えられる4つの経営活動に基づき各クラブをランキングしています．4つの経営活動は，マーケティング，経営効率，経営戦略，財務状況で，それぞれの経営活動を評価するKPIを設定・評価し，ポイント付け・ランキングをしています．この中でちょっと面白いものをいくつか紹介させて頂ければと思います．マーケティングでは，平均入場者数，スタジアム集客率，新規観戦者割合，客単価をKPIとして設定しています．入場者数や集客率では，J1の方が大きいと想像されるでしょうし，実際データでもそのとおりの結果が見て取れます．ただし新規の観戦者割合は，J1よりJ2の方が多いことがわかりました．他にも客単価では，平均値を見るとやはりJ1が1番大きいのですが，最大値を見ると，1番お金を使ってくれた人がいるのは，実はJ2だったりします．詳細については，当社のホームページからダウンロードできますので，是非ご覧ください．

（https://www2.deloitte.com/jp/ja/pages/consumer-business/articles/thl/j-league-management-cup-2015.html）

（司会者）　ありがとうございます．それでは，質問の時間に移りたいと思います．質問班宜しくお願いします．

（質問者）　貴重なお話しありがとうございます．1つ質問させていただきたいのですが，そもそものお話しですけど，日本のスポーツビジネスはすごい遅れていると聞いたことがあるんですが，ではなぜデロイトさんはスポーツビジネスの分野に手を出して活動しようと思うようになられたんでしょうか．宜しくお願いします．

（関口氏）　はい，理由としては大きく2つあります．1つ目は，将来スポーツビジネスにおいて，スポーツ産業規模を10兆円GDPで増やしていきましょうという，国としても目標があり，さらにメジャーリーグと日本プロ野球，海外サッカーリーグとJ-Leagueの市場規模比較等において，日本の市場規模は小さいとよく言われると思いますが，その分ポテンシャルがあるとも言えると思います．つまり，今後スポーツビジネス市場は伸びると考えており，大きく伸びる市場に進出するという経営判断があります．スポーツ産業規模はデータでは下がっている分野もありますが，特に興行の部分は伸びているため，例えばプロスポーツを活用した地方創生というところは，今後も引続き支援していきたいと考えています．

　　2つ目の理由としては，製造業等と比較してスポーツ産業の規模は確かに小さいですが，スポーツの社会的な注目度，影響力は非常に大きいと考えており，アフリカの事例のような「社会的なインパクトを創り出す」という意味で，スポーツビジネスは非常に重要であると考えています．

（質問者）　もうひとつ今の質問に重ねてなんですが，地方創生に際してスポーツ産業を伸ばすためにポテンシャルがあるということで，それに関連していると思うのですけど，FC今治の業務提携ですかね資金を投入されたと思うのですが，具体的にどういうふうにしたかというコンサルティングとして地方創生に向けて何をされたかというのを教えていただいても良いですか．

（関口氏）　はい，基本的には，FC今治の活動支援が地方創生に繋がると考えています．例えば，試合日当日の賑わい創出，地元の名物・名産品の紹介・販売等があります．またFC今治は，将来的にJ1での優勝を目標としていますが，チームが強くなる・昇格する中で，人口流出の抑制に関連する地域愛着に効果があるのではないかとの仮説に基づき，調査・研究している方もいます．

　　賑わいの創出については，FC今治はさまざまな施策を打っています．

以前私が観戦した試合では，EXILE のダンススクールである，「EXILE PROFESSIONAL GYM」松山校の生徒がハーフタイムにパフォーマンスをしていたのですが，パフォーマンスをする子どもを見るために，なかには家族総出で来ている人もいて，仮設席も満席となり，通路で立ち見をする人も多くいました．また，試合日に出ていた地元グルメのお店の前にも，炎天下にもかかわらず長い行列が出来ていました．

オペレーション改善の例としては，グッズ販売のオペレーション改善があります．例えば，今までは試合終了後まとめて売り上げの現金と在庫を照合したところ，合わないケースが多く，合わせるまでに大変時間がかかっていたそうです．そこで，iPad 用 POS レジ機能アプリを導入したところ，T シャツ 1 枚売った毎の現金，在庫管理を自動化し，試合終了後，現金と在庫がピタリと合うようになったと聞いています．

その他にも，FC 今治の J リーグ百年構想クラブの申請も支援したそうです．一般的には申請の準備だけで数年かかるそうですが，FC 今治の支援チームは，数カ月で申請を実現しました（2016 年 2 月 23 日に，J リーグ百年構想クラブ承認）．

（司会者）　貴重なお話しありがとうございました．それでは次に，大柴様にご講演をしていただきます．大柴様宜しくお願い致します．

3．スポーツを生かした新たな商業施設のコンセプト

（大柴信吾）

ご紹介いただきました東急不動産の大柴です．今日はスポーツ健康科学部の講演ということでご紹介賜りましてありがとうございます．

今お配りしていますのが，今からご説明しますもりのみやキューズモール BASE の，キューズモールのキャラクターのグッズなので，もし宜しかったら使っていただくのと食べていただければと思います．

先程お二方とも会社のご説明等もございましたので，簡単に東急不動産についてご説明させていただこうかと思います．東急不動産は元々，関東で東急という私鉄電車があり鉄道会社から派生した不動産の会社です．現在，東急不動産では

大柴信吾氏

総合デベロッパーとしてオフィスビル，商業施設，住宅，リゾート施設，またシニア系の住宅など幅広い分野で開発，運営をしており，またグループ会社では東急ハンズや，マンション・オフィスビルの管理をしている東急コミュニティー，住宅の賃貸もしくは売買の仲介の東急リバブルなどがあり，そのような会社を束ねて株式上場しているのが東急不動産ホールディングスという会社になります．

　簡単に私の経歴を申し上げますと，私は1993年に大学を卒業して東急不動産に入り，1993年と言うと皆さん多分まだ生まれてないぐらい，生まれていない方がほとんどかもしれませんが，入社をして東急不動産の中で住宅部門，リゾート部門，そして今日ご紹介します商業施設部門にて，いろいろな開発の実務に携わってきました．住宅部門では，千葉県の住宅地とゴルフ場の複合開発，約2,000戸の戸建住宅がゴルフ場と一体となった場所があり，ゴルフ場や住宅，住民向けのスポーツ施設などを担当していました．リゾート部門では，温泉があり，ヨガができるスタジオを併設したリゾートホテル，またリゾートマンションも開発しました．北海道のニセコに当社のスキーリゾートがありますが，そこではオーストラリア人を中心にインバウンドの誘致もやってきています．

1）新しい形のスポーツ商業施設

　今日，お話しますもりのみやキューズモール BASE は，私がプロジェクトリーダーとして計画，そして現在，運営に携わっているプロジェクトです．この施設は1年半前に開業していますが，商業施設にスポーツ，健康といった要素を掛け

合わせた1つの事例として，今回皆様にお話させていただきます．こちらは施設のキャラクター，キューズモールのキャラクターのひとつで，「モリスペクター」という名前のマスコットキャラクターになります．

キューズモールは当社のショッピングセンターのブランドで，実は京都には残念ながらありませんが，現在，関西圏にて合計4施設ございます．ブランドスローガンは「街はおおらか．人は，ほがらか．」ということで，それぞれの街の肌触りを大切にしながら，地域の方々に愛される施設を目指して，運営をしています．こちらに並んでいるのがキューズモールのマスコットキャラクター，勢ぞろいです．これからご説明しますもりのみやキューズモールBASE以外のキューズモールは，阿倍野，尼崎，箕面という場所に3施設ございます．店舗数は，阿倍野は約240店舗，尼崎が140，箕面が110，実は森ノ宮は約50店舗ということでこの4つの中でも一番小規模な施設になります．

こちら，もりのみやキューズモールBASEの位置ですが，大阪市内で，5km圏内には梅田，なんば，あべの・天王寺という大阪で言う3大商業地がある場所です．よりミクロに見ていきますと，道路を挟んで，北側に大阪城公園があり，鉄道は地下鉄中央線と長堀鶴見緑地線そしてJR環状線が通っている森ノ宮駅に近接している場所です．敷地の大きさが約1万坪で，土地の所有者は日本生命さんになります．当社は借地の上，建物を建設しているということです．

2）日生球場跡地を有効に利用

こちらの土地はもともと日生球場という野球場がありまして，1950年，戦後間もない頃にできて，その後，プロ野球の近鉄バッファローズ，今のオリックスになりますが，その準本拠地であり，また，社会人野球なども数多くこの場所で開催され，1997年に野球場としての使命を全うして閉鎖になりました．（写真を示して）キューズモールを建てる前ですけど，球場が閉鎖され解体された後，ちょうどすり鉢状になっている，そして，暫定利用として駐車場として活用されていたというのが，この写真からおわかりいただけるかと思います．

さらに過去を振り返り，江戸時代の1856年，この頃は，武家屋敷でした．玉造という地名は今もありますが，玉造組という同心屋敷があった場所です．その後，戦前になりますと，近接する大阪城公園には，砲兵工廠などの多くの軍事工場がありました．

　次に，このエリアの環境ですが，商業施設は，どれぐらいの場所からお客様に来ていただいてご利用いただくかということについて，事前に調査をします．いろいろと調査をした結果，おおむね半径2km圏内の人口が約8万人いるエリアを第1次の商圏と設定をしまして，第2次商圏としては約23万人いるエリアとしました．ここを主な商圏，お客様に来ていただけるエリアということで，計画を進めてきました．周辺を見てみますと，北側に多くの緑が広がる大阪城公園があり，南側には良好な住宅地が広がり，城星学園，大阪女学院といった学校がある文教地区でもあり，敷地の東隣にはピロティホールという約1,000席の劇場があります．また，森下仁丹さんですとか，サクラクレパスさんですとか，靴下等を販売している小売りのチュチュアンナさんといった企業の本社が，この辺りに点在をしています．

3）客層にあったコンセプト

　そのような周辺環境の背景から施設コンセプトを考えるにあたり，商業施設において施設間競争やエリア間競争が激化している中，ここで新しく商業施設を開発するにあたっては，差別化できる要素が必要であると考えました．この土地周辺の環境，今申し上げたような文教地区で良好な住宅が南に広がり，大阪城公園，実はランナーのメッカになっていて，インバウンドを中心とした観光客も多く訪れる場所です．ピロティホールには観劇者が来る，また，西側には難波宮公園という昔，天皇の住居であったと言われている歴史ある公園もある．このようなエリア資源と一体となった，地域と一体となったエリアブランドの確立化が必要ではないかと考えました．森ノ宮という街のイメージがあまりなかったこともあり，周辺のエリア資源とともに街のイメージを築く，そういったことが必要ではないかと考え，商業施設を点でなくてエリア全体で捉えて，エリアイメージを作る拠点として何かできないかということを考えた次第です．

4）スポーツを後押しする『場』の提供

　そこで，地域の方にいろいろインタビューをして，そこから出てきたのが，この3つのキーワードです．ひとつは「地域愛」ということで，こちらが文教地区でもあって良好な住宅地が周辺にあり，元々住んでいる方々はこの森ノ宮という地域に対してこだわりがあり，他から移り住んだ人は憧れがあったということが

わかりました．次に「オンリーワン」です．都心でありながら大阪城公園といった緑が多く自然が多く残り，歴史も残るエリアであり，またランニングコースのメッカにもなっている．最後が「人生・いのち」，こちら日生球場から連想されるイメージであるスポーツや健康，また世の中の経済的な充足から人間的充足を求めていくといったような流れからです．この３つのキーワードから，スポーツ，健康，趣味といった単に商業施設でモノを買うだけでなく，集ったり，学んだり，感じたりできる，前向きな生活者を後押しする「場」を提供していこうということで，地域住民の生活の拠点，健やかなカラダづくりの基礎，豊かで前向きな暮らしの基本，また元野球場であったベースボールへのオマージュから，今回「もりのみやキューズモール BASE」と施設名称に「BASE」をつけました．

　今，話しました地域特性があるものの，基本となるのは足元商圏のデイリーユースに応える生活利便性，周辺に住んでいる方々の日常生活で一番役に立つお店を揃えることです．そこに付加価値として，心と身体の健康やより良い暮らしといったテーマの生活提案性を提供するということで，施設コンセプトとしては「豊かに生きる，ココロ，カラダ特区」とし，ここでしかできない，ここでこその施設にしていこうとコンセプトを定めました．

　利用していただくお客様の想定としては，メインは近隣に住む方々，ご夫婦，子育てファミリーやアクティブシニア，サブとして大阪城公園に来るランナーや観光客，通勤者や通学者，また近くに国立病院もありますのでその利用者，見舞客など，そういった方々をサブとして考えました．

　施設の外観には，球場の跡地ということで，正面エントランスには球場の形をモチーフとしたデザインを取り入れています（**写真１**）．この階段を登っていく感じや，こういった列柱，そして上部が曲面形状になってその上にフラッグがあるところなど，球場感ということでデザインしています．屋上には，後ほど申し上げますが，商業施設初となる陸上トラックを設けています（**写真２**）．施設の中には広場が広がっており，球場型の広場で BASE パークと名付けました．

5）利用しやすい施設

　全体の施設デザインとしては，豊かな緑の中に白を基調としたモダンな建物が美しく映える，都会の中のオアシス空間，開かれた公園のようなオープンモールをテーマとし，どなたでもアクセスしやすいよう，この敷地内に対して複数のア

写真1　もりのみやキューズモールBASE

クセス路を設けました．屋上の陸上トラック，こちらには高さ12.5 mのクライ
ミングウォール，またフットサルコートも2面あります．当社のグループ会社が
運営する東急スポーツオアシスというフィットネスクラブもこの施設に入ってい
まして，25 mのプール，ヨガなどのスタジオ，マシンジム，そしてランニング
ステーションもあります．

　簡単にテナント構成を言いますと，正面入口から入り，こちらの大型区画はス
ポーツショップのゼビオさん，それとエルブレスという，これもゼビオさんが運
営するアウトドアショップになります．先程，生活の利便性と言いましたが，セ
ントラルスクエアというライフさんが運営する通常スーパーよりワンランク上の
商品も置いているスーパーが入っています．2階には，東急スポーツオアシス，
ドッグラン付きのペットショップ，そしてクリニックモールがあります．3階に
は，陸上トラック，その横にフットサルコートが2面あり，合計600台ほどの駐
車場が建物の上や敷地内に配置されています．

6）最大の特徴ヘルスエイド エアトラック，走れるショッピングセンター

　陸上トラックは「ヘルスエイド エアトラック」という名称で，商業施設として
屋上に設置された日本初のランニングトラックであり，走れるショッピングセン
ターとして打ち出しました（**写真2**）．1周が約300 m，人工芝の3レーンで，
利用料は無料です．朝の9時から夜は11時半まで開いておりまして，どなたで

写真2　もりのみやキューズモールBASEの屋上に建設されたヘルスエイド エアトラック

も自由にこちらでウォーキングしたり，ランニングしたりとご利用いただけます．こちらの監修は北京オリンピックの陸上メダリストである朝原さんにお願いをしていまして，人工芝にしたことも朝原さんのアイデアです．大阪城を見ながらランニングでき，夜はこのようにライトアップしていますので，夜に大阪城公園をランニングするのはちょっと，という女性の方もこちらなら走りやすいといった意見も聞いています．

　実はこの陸上トラック，特許の申請をしています．施設の設計および施工は竹中工務店さんにお願いしていまして，当社と竹中工務店さん共同で屋上の陸上トラックとして申請しています．1つの建物の屋上に設置しますと，陸上トラックの大きさが建物の大きさに制約され小規模になってしまい，屋内に設置しても，300mの陸上トラックの大きさを取るとなると相当大きな建物が必要になってきます．今回，複数の建物の屋上を繋ぎ陸上トラックを設けることで，大規模かつ開放的な空間になっています．このような点と，各建物を独立して設計すると，耐震性のために構造上で必要な壁を各々の建物でしっかり造る必要があるのですが，今回，複数の建物上部を陸上トラックで繋ぎ一体化することによって，しっかりと造る壁を減らしたり，耐震性が向上したりする効果がある点，こういった点の特許を申請しています．

　最近，京都市美術館の命名権（ネーミングライツ）を京セラさんが50年間を50億円で契約することになったというニュースがありましたが，この陸上トラッ

クの命名権も地元企業の森下仁丹さんと契約しています.「ヘルスエイド エアト
ラック」という名称で,金額についてはここで申し上げられないのですが,施設
の中にも名前を表示しています.,森下仁丹さんが「ヘルスエイド」というブラン
ドで機能性表示食品を昨年発売し始めましたが,おおむね同じタイミングでもり
のみやキューズモール BASE が開業したというご縁があり,施設のコンセプト
にもご賛同いただきました.このヘルスエイド エアトラックを使って多くのイ
ベントを実施していますが,1つ例をあげますと,タイ政府の観光庁と組み,間
寛平さんほかのゲストを迎えてランニングとマラソンに関するトークショーを行
いました.

7）コミュニティの場としての利用

　次に,BASE パークという屋外広場ですが,こちらは1階そして2階から見え
るステージがあり,音響や照明も完備され,1階,2階合わせて最大で1,500名
程が観覧可能です.また,BASE パークでは,地域の方々の健康意識の向上を意
図したイベントを行っていまして,「ゆるスポフェスティバル」と名付けたイベ
ントでは,ベビーバスケと呼び,まるで赤ちゃんのように激しく揺らすと大声で
泣く特殊なボールを使って,泣かないように行うバスケや,体を動かすお題が書
かれた札をめくっていきながら体を動かすスポーツかるたなどを行いました.

　施設のその他のハードとしては,フットサルコート,クライミングジム,そし
てドッグランがあります.フットサルコートでのイベントでは,キューズモール
がたむらけんじさんと一緒に「たむけんカップ」という一般の方が参加できるフッ
トサル大会を定期的に行い,多くの芸人さんにも来ていただき芸人さんチームと
して出場もしています.

8）施設のソフト的役割

　今まで話しましたのは施設のハードの部分ですが,ソフト的な取り組みという
ことでは,一般社団法人アスリートネットワークという団体と連携しながらこの
施設の運営を進めています.この団体は,理事長が元バレーボール全日本女子代
表監督の柳本さんで,先程の朝原さん,そしてその奥様のシンクロナイズドスイ
ミングのメダリストの奥野さん,セレッソ大阪で活躍した元サッカー日本代表の
森島さんなどによって構成され,いろいろな種目のアスリートの方々が自分たち

の経験を子どもたちに伝えていき，子どもたちの生きる力を育てていきたいという思いを持った団体です．この団体と連携して，例えばヘルスエイド エアトラックでの朝原さんと一緒にチャレンジできる走りのイベントなど，各種イベントを行ったり，東急スポーツオアシスとコラボレーションしたキッズ向けプログラムとして「アスリート Lab．キッズスクール」を実施したりしています．このプログラムでは，朝原さんが監修したランニング教室，各々のアスリートが監修したテコンドー，トライアスロン等を子ども向けスクールとして施設で展開しています．

9）地域を巻き込んだイベント

施設コンセプト「豊かに生きる，ココロ，カラダ特区」について，身体，フィジカルな部分に関して話しましたが，心，メンタルの部分の要素として「まちライブラリー」という私設の図書館を施設内で運営しています．ここは市民参加型の図書館で，皆さんにメッセージ付きの本を持ち寄って寄贈していただき，その本を読んだ方がメッセージカードにメッセージを記入することでつながっていく，また，ここで開かれるさまざまなイベントに参加したり自身でイベントを開催したりすることができ，人と人とのつながりを育んでいくスペースです．広さは約80坪で，この中にカフェ，FM COCOLO さんのサテライトスタジオも設けています．このまちライブラリーに期待することは，地域コミュニティの形成，そして施設のファンづくりですが，現在，一般の方々にサポーターとなって運営を手伝っていただくなど，まさに地域の方々にご参加いただきながら運営しています．

オープンから約1年半がたちましたが，来場者は23万人，寄贈していただいた本も1万冊を超え，本の貸出数も1万5,000冊を超えているという状況です．また，会員数は約2,500名，イベントの数は2016年8月末までの累計で361件と，2日に1件イベントが行われています．子ども向けの絵本お話し会や，施設内クリニックモールのお医者さんのちょっといい話，また普通の図書館と異なって話したり多少音を出したりしても構わないので，ウクレレを楽しむ会といったイベントもあり，参加人数が数名から10名程度のイベント含め規模の大小にかかわらず，会員が主体となりながら行っています．また，FM COCOLO さんが毎週土曜日，午後2時から5時の3時間ここからラジオの公開生放送を行っています

が，ガラスの壁などなく，DJのすぐ近くにまちライブラリー利用者がいる中でラジオの生放送を行っています．さまざまなゲストにも来ていただき，ゲストに寄贈していただいた本は，人気があって貸し出し数も多いです．

10）施設の販促・宣伝効果

施設としての販促ですが，約1年半前の開業時，大阪城公園の隣に施設ができたということで，大阪城と言えば豊臣秀吉，そこで秀吉とキューズモールのスペシャルサポーターである八木早希さんとが掛け合いをするCMを作ってテレビで流しました．交通広告では，秀吉にちなんだ広告を大々的に掲出し，森ノ宮駅周辺を秀吉でジャックしました．また，オープニングセレモニーではテープカットではなく聖火点灯を行い，オープニングイベントでは，マラソンイベントなどで実績のある森脇健児さんとともに，約6km離れたあべのキューズモールからもりのみやキューズモールBASEまでを参加者を募って走るイベントを行いました．

その結果，開業後約1週間の間にテレビで27番組，新聞・雑誌で120件，そしてウェブで440件と，数多くのメディアに施設を取り上げて頂きました．

11）スポーツ以外のイベント開催の取り組み

開業以降は，音楽に関するイベントをBASEパークで定期的に行っています．先月も西内まりやさんに来ていただいて，約1,500名以上の集客がありBASEパークが人で埋め尽くされました．他には板野友美さん，Little Glee Monsterさん，EXILEの方など，数多くのアーティストの方々に来ていただいています．また，NMB48さんの曲のプロモーションビデオでは，ヘルスエイド エアトラックを撮影場所として利用していただきましたので，よかったらインターネットで検索してみてください．

以上になります，どうもありがとうございました．

（質問者）　大変貴重なお話をいただきましてありがとうございます．収益を考えつつ，いかに地域の住民だったり社会とつながりを持っていくのかということを考えた場合に，1つはやっぱり受益者負担というところがあるのかなというふうに考えているのですけれども，どうもやはりそこを求めると課

題であったりクレームであったりというのが増えてくるというのでいまいち
ハードルが高いように思うのですけれども，その点について見解をお伺いさ
せていただきたいのですけれども．

（大柴氏）　もりのみやキューズモール BASE の例で話しますと，先程のヘルス
エイド エアトラックを造ると建設費がかかりますが，無料で開放するとラ
ンニング利用者の料金収入が入ってきません．利用者は受益者であるものの
特に負担なく利用できますが，異なった角度から見てみると実は施設の運営
者側も受益者であるとも考えられます．と言いますのは，ヘルスエイド エ
アトラックを利用しに来た方が下のテナントでお買い物をしたり，飲食店で
食事をしたりするケースもあります．実際，日課のウォーキングで利用して
いただいている人もいますが，ほぼ毎日この施設に家から足を運んでくださ
るわけです．つまり施設にリピートしてテナントを利用していただけ，そこ
で売上が立ち，テナントから施設側に出店の賃料が支払われる，そのような
点では施設側も受益者とも考えられます．

　　また，このような商業施設は街の中のインフラとして広い意味での社会的
な責任もあると思っていまして，よく企業の社会的責任（CSR）と言われま
すけれども，商業施設にはそのような要素もプラスアルファとして必要です．
CSR にはいろいろな取り組みがありますけれども，このもりのみやキュー
ズモール BASE のヘルスエイド エアトラックは，健康に関する象徴的なモ
ノであり，地域の方々の健康に対する意識の向上とか，そういったことを地
域に提案していくというか，啓発していくというか，そのような要素もヘル
スエイド エアトラックには含まれています．

最後のメッセージ
・桂田氏

　この 2 時間余り，本当にありがとうございました．皆様の質問は非常に鋭いと
ころがあり，緊張をしましたが，スポーツ分野，今はまだ小さくて収益性が高く
はないところかもしれませんが，ぜひ皆様とご一緒にスポーツ産業，スポーツビ
ジネスが盛り上がるところを一緒に応援できればと思ってますので，今後ともど
うぞよろしくお願いいたします．ありがとうございました．

・関口氏

　こういった機会を頂き，本当にありがとうございました．桂田さんがおっしゃったとおり，スポーツのマーケットは，他の産業に比べて，まだまだ小さいと思っています．今後，マーケットを拡大していく中で，2020年までは，盛り上がると思いますが，同時に2020年以降のことも考える必要があると思います．そのためには多くの方のご意見，ご協力が必要となりますので，皆様，引き続き，ご協力の程，よろしくお願い致します．

・大柴氏

　今日はお招きいただきまして，ありがとうございました．スポーツと健康，これは老若男女，万人に関係しますが，本当にレベル，捉え方が違って，プロを目指す人，東京オリンピックを目指す人というレベルから，日々の健康づくり，予防といったレベルまでいろいろあり，捉え方も千差万別です．健康という要素はこれからのデベロッパーの仕事には必ずついて回ると個人的には思いますが，人によっていろいろと捉え方が違って多様性があるものの，それをどんな人にでも合うよう，カスタマイズできるような場を提供したり，ソフトを提供したりするのも，まちづくりであると思っています．当社はそのようなまちづくりを色々な角度から行っていきますので，スポーツ・健康の観点にて御意見，アイデアを皆さんからいただければ，これからのまちづくりに活かしていきたいと思っております．ぜひ今後ともよろしくお願いいたします．

（司会者）　皆様，ありがとうございました．以上で本日の講演をすべて終了させていただきます．お話を伺い，新たなビジネスモデルとしての可能性，今後の展望もお話をいただき，いろいろと皆さん考えることや見えてきたものがあったのではないでしょうか．本日は大変ありがとうございました．以上で終了とさせていただきます．

（担当学生：野村恭平，山崎将誉）

第4章　スポーツ CSR

　近年，企業の社会的責任としてCSRが認知されたことで重要性が高まり，多くの企業でCSR活動を行うようになっています．CSRのイメージとしては社会貢献活動や慈善活動があげられますが，詳しい取り組み内容までは知られてはいないのではないでしょうか．一般的なCSR活動には環境問題や人権問題などがあげられますが，各企業によってその方針は異なり，取り組み内容もさまざまです．また，CSRをさらに発展させたCSV活動も広まりつつあり，社会問題をビジネスとして取り組む企業も登場しています．今回は，経済学の観点からみた社会貢献型経営，そして今後CSRにとどまらずCSVが広まる可能性も見据え，CSR活動とCSV活動を視野に入れた内容の講演をしていただきたく，2人の講師の方にお越しいただきました．

　まず初めに，社会貢献型経営の理論の基礎について八木匡氏にご講演いただきます．スポーツビジネスにおいてCSRは重要な役割を担っています．スポーツ関連産業が果たすべき社会的役割が何かを理解するためには，スポーツの特性を本質的に探っていく必要があります．また，スポーツビジネスは，基本的に経験価値というものを生み出し，それを消費するような産業であります．よって，スポーツの経験価値とコミュニティ活動とを結び付け，地域のスポーツ支援政策と連携していくことも重要であると言えます．さらに，CMなどでは機能性から精神性の価値提供へ重心が移行してきています．この精神性の面での価値提供として，CSRは重要な意味を持ち始めることをお話しいただき，スポーツの社会的価値を明確化していただきます．

　次に，大阪ガスのCSR活動を中心に，そして，それをさらに発展させた活動について石井智氏からご講演いただきます．CSR活動の例としては，陸上クラブNOBYによるアスリートへのセカンドキャリア創出をあげ，地域への貢献活動として地元企業との連携によるまちづくりについてお話しいただきます．社会問題に対するスポーツや健康をテーマとした活動によって成功した事例から，社会問題がビジネスになることを示し，これからのCSV活動の展望をお話しいただき，CSR，CSV活動の現状と今後について切り込んでいただきます．

　それでは，定刻となりましたので，スポーツマネジメントプロジェクトセミナーを開催いたします．皆様，本日はお忙しい中，第４回スポーツマネジメントプロジェクトセミナーにご来場いただき，誠にありがとうございます．本日司会進行を務めさせていただきます同志社大学スポーツ健康科学部３回生の淡田と遠藤です．どうぞよろしくお願い申しあげます．今回のセミナーでは，スポーツのCSR経営に焦点を当て，講師のお二方にお話をしていただきます．

　それでは，八木匡様よりご講演を賜ります．八木様よろしくお願いいたします．

1．スポーツビジネスとCSR

（八木　匡）

　皆さん，どうもこんにちは．私は，経済学部の八木と申します．スポーツ健康科学部の方は，経済学部で開講される私の講義を履修する機会があまりないかと思いますので，本日はできる限りわかりやすいようにお話をできればと考えておりますので，よろしくお願いいたします．今回依頼を受けた報告内容は，基本的にはCSRという考え方についてかと理解しております．スポーツビジネスにおいてCSRというのが，なぜ重要なのかというところから，まず話をスタートしたいと思います．もちろん，スポーツ関連産業だけでCSRが重要な問題になっているという訳ではありません．しかしながら，スポーツの特性を本質的に理解していったときに，スポーツ関連産業が果たすべき社会的役割がかなり重要になってくるのではないかというのが１つのポイントです．スポーツビジネスというのは社会的なビジネスであり，社会における基盤を明確にアピールしなければ，スポーツビジネス自体を社会に受け入れてもらうことが難しくなるというのが１つの考え方になると思います．

　この問題をこれまでどのようなアプローチで取り組んで来たのかを，少し説明させていただきます．オリンピックとかパラリンピックのようなスポーツイベントが社会性を非常に多く含んでいることについては，共通の理解があると思いますが，社会性の捉え方とイベントの運営における経済的メカニズムとの関係性については，注意深く見ていく必要があります．

八木　匡氏

1）アダム・スミスの「神の見えざる手」

　経済的にイベントを支えているのは，利己的に行動する合理的な個人（消費者）であります．経済学を学んだことのない方には，アダム・スミスの「神の見えざる手」という言葉の意味を理解しにくいかも知れません．アダム・スミスは18世紀の偉大な道徳哲学の研究者と言われており，「経済学の父」と言われております．このアダム・スミスが提唱した基本的な考え方として，人々は利己的な目標，例えば消費者であれば自己の満足を最大化するとか，企業であれば利益を最大化するといったように，利己的な目的で経済活動を行った場合でも，市場における取引を通じて効率的な資源配分が達成されるという議論があり，経済学の基本的な考え方になっております．

　これは経済学部に入られた後，厚生経済学の第一基本定理として学ぶ内容になっておりますが，このアダム・スミスの考え方の裏側には，実は社会的なモラル，道徳規範というものが存在しております．利己的な行為というものが無条件に認められるとは，アダム・スミスも述べておりません．

　「諸国民の富」という本よりも以前に書かれている「道徳感情論」という本の中では，「共感」という概念が，社会における人々の経済関係が円滑に破綻なく執り行われるために必要なものになっていることを主張しております．これは共感に支えられた形で倫理規範が社会の中に存在しており，この規範の枠内で人々が利己的な行動を取ることにより，破綻なく効率的な資源配分ができるという主張と理解できます．こういう利己的な個人の存在は，スポーツビジネスの世界にお

いても同じであります．企業も利益を追求する経済主体です．

2）「理性は情動の奴隷である」

　このような利己的利益を追求する経済主体を前提とした経済学の基本的な考え方に対して，近年見直しがなされております．その一つの視点が「情動」であります．感情のもとで動く人間たちが形成する社会における取引という，その側面を忘れてはいけないというのが1つのポイントになります．このような考え方が広まってきたのは，それほど古いわけではありません．1990年代までの経済学では，利己的かつ合理的な個人の存在を仮定するだけで，この「情動」という問題については，ほとんど考えてきませんでした．マーケティングの世界においても，「情動」についての理解が不十分であったと言えましょう．心理学の世界でも，理性と「情動」のバランスにおいては，むしろ理性の優位性が主張されていたと私は理解しています．

　ところが，1990年代の終わりぐらいから20世紀を越えて，さまざまな学問分野において「情動」という問題が非常に注目をされ始めました．今一般的に捉えられている考え方というのは，理性がすべてを支配するというプラトン的な捉え方ではなく，「理性は情動の奴隷である」というヒューム的な考え方となっております．「情動」という原動力があり，理性は「情動」に仕えるという捉え方であります．

　ダニエル・ピンクが2005年に出版したA Whole New Mind（邦訳タイトルは『ハイ・コンセプト』）という著書の中で，6つの感性が強調されました（図1）．6つの感性とは，1）論理ではなく共感，2）機能だけではなくデザイン，3）まじめだけではなく遊び心，4）論理ではなく物語，5）物ではなく意味，6）個々ではなく全体の調和，であります．マーケティングの世界の人々は，このダニエル・ピンクの議論にかなり強い影響を受けたと理解しております．

　人間は「情動」が大きな力となって判断および行動を決定します．18世紀の哲学者デビッド・ヒュームは「理性は情動の奴隷である」と述べ，「情動」の重要性を主張しています．理性と「情動」は緊密にコミュニケーションを取りながら，意思決定を行っております．理性は主として左脳が司り，論理思考能力，特に計算とか情報処理的な能力を支配しております．20世紀においては，左脳が強いビジネスマンが労働市場の中でも高い評価を受けていたと言われておりますが，

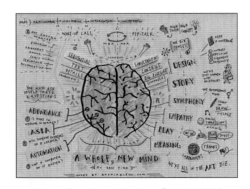

図1 ダニエル・ピンクの「6つの感性」
(https://sites.google.com/site/pinks6senses/home)

アジアが急激に発展して，安い労働力において安く物を生産できるようなグローバルエコノミーが進展し，AIに代表されるようなコンピュータが人間の仕事を代替するようになるにしたがい，物が世界中に溢れかえるようになることにより，「情動」を司る右脳の重要性が強調されるようになってきました.

　ダニエル・ピンクが主張したのは，このような経済社会環境の変化の中で，20世紀的な左脳中心の頭の使い方から，右脳中心の頭の使い方へと変化させることが重要であり，前述の6つの感性は，右脳を軸にする場合のキーワードを与えていると言えます.

3）スポーツにおける「6つの感性」とは

　スポーツの世界においては，この6つの感性をさまざまな形で結びつけて考えることができます. まず，デザインにはいろいろな側面があります. スポーツビジネスにおけるデザインの1つは，ウエア，道具といったスポーツ関連財のデザインであります. スポーツ大会をデザインしていくという意味でのデザインもあります.

　次にストーリー性ですが，これはスポーツにおいてきわめて重要です. ストーリー性により人々はスポーツから得られる感動を大きく増幅させることができます. スランプに陥ったスポーツ選手が，それを乗り越えて勝利を掴んでいくプロセスも1つのストーリーであります. スポーツのストーリーの素晴らしさは，どんな優れた作家も描くことができないようなストーリーを生み出してしまうとこ

ろにあります．スポーツのストーリーを紡ぎ出している人は，ストーリーを作ろうと思ってプレイをしていませんし，人を感動させようと思ってプレイしているわけでもありません．この点がスポーツの1つの特徴です．作家が物語を書くときも実は本質的には同じかも知れません．作品によって人々を感動させようなんて思って書いたときには，感動させる小説など書けないのだと思います．心の中から書きたいことが湧き上がってきて，それを文章化できたときに人々を感動させることができるのだと思います．スポーツの場合には，小説よりも作為性がないと言えましょう．

シンフォニー（調和）は，社会における連帯とか絆を意味します．スポーツは，社会におけるシンフォニーを生み出す重要なツールになっております．スポーツによって，他者を理解して他者との人間関係を構築していくことが容易になる場合があります．同じチームの中でともに戦うという経験を通じて共感が生まれてくることもあるでしょうし，ライバルと真剣に戦うことによって，ライバルに対して共感が生まれることもあり得ます．

プレイ（遊び）は非常に重要で，スポーツにはこのプレイの要素が必ず含まれています．遊び心，楽しいという「情動」は，人間を突き動かす大きなエンジンになっています．この遊びの要素が含まれることにより，スポーツビジネスは大きなマーケットを獲得可能になります．スポーツには遊びの要素があり，楽しいと感じることにより理屈を越えて人々は魅了されます．

感性はミーニング（意味）です．人々は重要と感じることに対しては，力を注ぐことができますが，意味を感じないことに対しては力を注ぐことはできません．特に社会的意義を感じる場合には，共感を生み出すことが可能となり，社会的支援という大きな力を得ることになります．

4）スポーツ用品産業の経験価値とは

スポーツビジネスは，基本的に経験価値というものを生み出して，それを消費するような産業であると理解できます．経験価値を理解する簡単な例はディズニーランドです．なぜ人々はディズニーランドへ行くのでしょうか．非日常的な経験を得るためにディズニーランドに行くのではないでしょうか．非日常的な経験に対して，人々は多くのお金を支払っても良いと考えているのだと理解できます．これが経験価値と呼ばれているものでありまして，スポーツは経験価値を生

産し，そして消費する，そういうビジネスだということを踏まえていていただきたいということです．

用品産業においても，「情動」を喚起するという意味における経験価値の創造を指向する必要があると思います．用品産業は，スポーツ経験価値を生み出すときに生じる派生事業であり，スポーツを経験する場をどのようにデザインして提供できるのかを模索する必要があります．さらに，スポーツ経験価値とコミュニティ活動とを結び付けるために，地域のスポーツ支援政策と連携していくことも重要となりましょう．

ファッションとしての用品産業は直接的に「情動」と結び付いております．ファッショナブルなスポーツウエアとか，スポーツシューズを見ることにより，スポーツに対する憧れも含めてスポーツをしたいという気持ちが高まることもあるでしょう．さらに，経験価値を高める用品という性質もあり，よく飛ぶゴルフクラブとボールとか，軽快なジョギング，ウォーキングシューズなどは，用品による経験価値向上をもたらす重要な例となっております．

5）マーケティングの概念の移り変わり

ダニエル・ピンクの「六つの感性」に関連したマーケティング概念があり，それはマーケティング3.0と呼ばれているものであります．マーケティング1.0が，1970年代から1980年代にかけての時代におけるマーケティングの概念であります．マーケティングの目的が商品を売ることにあった時代です．マーケティング2.0は1990年代の概念であり，消費者を満足させるということがマーケティングの目的になっていきます．21世紀以降は，マーケティング3.0の時代であり，企業の目的は「世界をより良くする（Make the world a better place）」になります（**表1**）．

アップルのコマーシャルを見ていても，性能とか機能についての説明は最小限に抑えられており，アップル製品を手に入れることによって，人々のライフスタイルをどのように変えられるのか，そして人々のライフスタイルが変わるとともに，人と人とのコミュニケーションとか関係性をどのように発展させることができるのか，それが地域社会また世界をどのように変えていくのかというメッセージをCMで流しています．世界を良くするためのツールとしてアップルの製品があるという提示の仕方をしています．世界をより良くするための技術として

表1　マーケティング3.0のコンセプト：機能性から精神性の価値提供へ

	Marketing 1.0 Product-centric Marketing	Marketing 2.0 Consumer-oriented Marketing	Marketing 3.0 Values-driven Marketing
Objective	Sell products	Satisfy and retain the consumers	Make the world a better place
Enabling forces	Industrial revolution	Information technology	New wave technology
How companies see the market	Mass buyers with physical needs	Smarter consumer with mind and heart	Whole human with mind, heart, and spirit
Key marketing concept	Product development	Differentiation	Values
Company marketing guidelines	Product specification	Corporate and product positioning	Corporate mission, vision, and values
Value propositions	Functional	Functional and emotional	Functional, emotional, and spiritual
Interaction with consumers	One-to-many transaction	One-to-one relationship	Many-to-many collaboration

(Kotler P, Kartajaya H, Setiawan I (2010) Marketing 3.0: From Products to Customers to the Human Spirit. John Wiley and Sons Inc.)

SNSのようなツールがあり，それを先端技術が支えている，というアプローチです．

　どのような価値を提示するのかという点においても，機能性という面での価値の提供から，感動とか精神性といった面での価値の提供に重心が移行してきていると言って良いでしょう．精神性の面での価値提供が可能となれば，消費者の企業に対する忠誠心は高まります．この精神性の面での価値提供として，CSRは重要な意味を持ち始めます．

6）スポーツの社会的「意味付け」の明確化

　CSR的要素を取り込んでいく場合の考え方として，スポーツの社会的価値を明確化していくことがあげられます．先ほど，意味付けが重要であると言いました．マーケティングにおいても，意味を明確にしていくという作業を徹底的に進めています．「なぜ」という問いを繰り返すことにより，意味が明確になっていきます．「情動」を動かす「意味付け」が明確になったときに，マーケティングは

成功すると言えます．意味付け自体が心を揺り動かすものでなければ，人々は行動を変えないと言えましょう．

　また，ビッグイベントを考えるときでも，意味付けの提示の仕方が不十分であれば，人々はそのビッグイベントを単なる商業的活動として捉えるに過ぎなくなります．ビッグイベントの意味付けが人々の「情動」を揺り動かすような形で与えられた場合には，ビッグイベントは効果的なメディアになっていきます．スポーツビジネスは，ビッグイベントの社会的意味付けを明確にしながら人々に訴えかけ，人々が求めている意味付けと共感できた場合に，経済的にも持続可能となります．このことはスポーツビジネスが，経験とストーリーの上に成立していることの理由でもあります．

　最後に，「情動」という問題に関して付言させていただきます．21世紀に入った後，「情動」に対する研究が盛んに行われておりまして，「情動」と理性との関係性については，プラトン的な理性主導型の考えから，ヒューム的な「情動」主導型の考え方に移行していると理解しております．この「情動」に対する理解を深めることは，CSR の有効性を高めるためには重要と考えられます．時間となりましたので，これに報告を終わらせていただきます．

質疑応答

（質問者）　貴重なお話ありがとうございます．スポーツ健康科学部3回生です．質問ですが，先ほどスポーツビジネスは経験価値を生産して消費するという話をされましたが，音楽とかディズニーとかの経験価値ビジネスは，オリンピックのようなビッグイベントを用いなくとも市場が広がったと理解しておりまして，スポーツではなぜ同じようにオリンピックがなければ市場が拡がらないのかについて，理由とか原因をお聞きしたと思います．よろしくお願いします．

（八木氏）　まず初めに，データを把握するというポイントがあると思いますね．2015年における映画・アニメ・TV番組・音楽・ゲーム・書籍等の日本のコンテンツ産業の市場規模は約12兆円であるのに対して，政策投資銀行が推計した2012年のスポーツ産業市場規模は，関連部門をすべて含めて11兆円強となっております．日本経済の長期的停滞も要因となり，過去20年間の成長率は，コンテンツ産業，スポーツ産業ともに予想を大きく下回るもので

ありました．その意味で，スポーツ産業としてはビッグイベントの効果に期待している部分はあります．

　問題なのは経験価値の特性であります．一番重要な特性は，経験価値は同じ経験を繰り返すことによって下がるということです．テレビのドラマも1回見ておもしろかったと思っても，2回見る人は少ないのです．経験価値が下がらないコンテンツは，高い享受能力を必要とするものが多いと思います．例えば，高級絵画であります．レオナルド・ダ・ヴィンチのモナリザは，繰り返し見るほど，本質的価値が理解できるようになり，より高い経験価値を得ることができます．

　すなわち，経験価値産業が成長するか否かは，経験価値がどれほど長く保持され得るのかに依存していると考えられます．スポーツビジネスも，マンネリズムに陥ると価値を持たなくなります．オリンピックのスタイルにおいても，新しい価値の付与を常に行わければ高揚感は生まれません．もちろん参加している選手にとっては，新しい価値創造など考えている余裕はないかと思います．目前の試合での成果をあげることのみが，重要な目的となっていると思います．その結果，世界新記録が更新されていくという意味における新しい価値の創造は起きております．

　しかしながら，本質的な意味における新しい経験価値の創造が生まれてこないと，観戦者数を増大させることが難しいという点も事実でありましょう．このとき重要なのは，新しい理念，新しい意味付けを与えることと考えられます．オリンピックも，文化芸術と分離するのではなく，スポーツ文化を1つの統合体として考えながら，相互に連関させながら新しい経験価値を生み出していくという考え方を取っていく必要があると思います．

2．企業経営における新たなスポーツ活用
～大阪ガスにおけるポストCSR活動～

（石井　智）

　皆さんこんにちは．石井と申します．八木先生からCSRを基にした新たなビジネスモデルの考え方などをお話いただきました．私からは，大阪ガスというエネルギー産業としてのCSRの新たな取り組みについてお話させていただきます．

石井　智氏

　ご存知のようにエネルギーの自由化が始まり，ガス会社が電気を売ったり電力会社がガスを売ったりする時代になりました．これまでは公益企業として，ガスを使いたい方たちに当たり前のように使っていただいて代金を頂戴していました．これからは，エネルギーもお客様が供給者を選択できる時代になり，われわれ大阪ガスも単にガスを始めとするエネルギーを製造，供給するだけでなく，企業の強みを生かしたビジネスに転換する必要があるのではないか，ということで，今日はスポーツビジネス産業ではないんですけども，現在の取り組みについてお話をさせていただきます．

　私は，同志社大学での野球の実績を評価されて大阪ガスに入社しました．その後，同志社大学硬式野球部監督を経て，2007年，横山先生（スポーツ健康科学部教授）のご指導の下，博士号を総合政策科学研究科で取得することができました．現在は，大阪ガスで朝原氏と一緒にスポーツ，あるいはスポーツを基にした健康というキーワードで新たな企業価値を向上させていくという活動をしています．私の方からは，「われわれは CSR というものだけじゃなくて，お客様との価値の共有という考えの中で，CSR を基にしてビジネスに発展させようという取り組み，そして実際どんなことをやっているかということ，また，最終的には今後ソーシャル・デザイン，先ほど八木先生からデザインというお話がありましたけれども，まちをどうデザインしていくのかという問題提起をさせていただきたいと考えています．

　エネルギー会社というのは，産業の進行度合いや人口の多寡によってその業績

が左右されます．まちが元気で，供給する先がないと商売にならないわけですから，そのまち，あるいは人の生活というものをスポーツでデザインしていくという考えの基に活動している内容をお話したいと思います．

1）CSR から CSV へ

大阪ガスには CSR 憲章があります．これは，お客様の価値の創造等 5 つの項目で大阪ガスの従業員，グループ会社の行動指針を示しています．われわれが関係するのは，この 3 番目の社会とのコミュニケーションと社会貢献ということになります．ただし，その社会貢献という言葉は弊社の中でもいろいろな議論があります．社会貢献というと，何か持っている人が持ってない人に施すみたいなニュアンスがあるので，われわれの中では，共有の課題である社会課題を一緒に解決していきましょうということでソーシャル・デザインと呼んでいます．元々社会貢献チームというのが近畿圏部内にあったんですけれども，名前を昨年，「ソーシャル・デザインチーム」という呼び名に変えました．

では，なぜ CSR という議論が起こったかということをおさらいしておきます．企業が成果主義あるいは株主価値を重視するあまり，非倫理的行動に走ってしまうケースがあります．それで CSR，要はコーポレート・ソーシャル・レスポンシビリティという，ちゃんと企業として責任を果たせという議論が起こります．しかし，このレスポンシビリティというのは責任ということだけではなくて，レスポンス（応答）＋アビリティ（能力），つまり，お客様と社会との関係性を，あるいは応答可能性という言い方をしますけれども，コミュニケーションをちゃんとやろう，自分たちがやっていることをちゃんと発信してわかってもらおう，そういう活動であるということです（図 2）．

まずは守りを重視する，ということでコンプライアンス意識を組織内文化とすることを徹底してやりました．今まで大阪ガスでもいろんな危機がありました．ガス機器故障事故は稀ですが，そもそもガスを製造するとき，使用するときに環境には負荷を与えているわけです．

例えば，皆さんがガスをお使いになると CO_2 ができますよね．だから，大阪ガスというのは，ある意味環境に負荷を与えている企業なのです．したがって，環境に対する対応，あるいはコンプライアンスに対する対応については，きっちりやらないといけない企業であるという認識を持ちつつ，ただ，それだけやっ

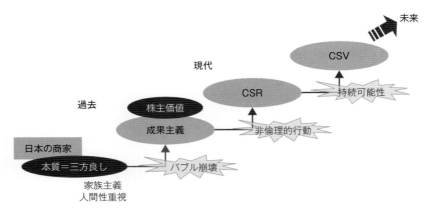

図2　CSRからCSVへ

ていたのでは企業に発展がないと考えられます．ということで，このCSV，ク
リエイティング・シェアード・バリューという考え方が大事になる訳です．これ
は，皆さんスマホがあったらググってほしいんですけど，お客様との価値の共有
ということで，お客様とのウィンウィン，社会とのウィンウィンの立場になるよ
うにして行こうということです．そもそも，日本には「三方よし」という考え方
がありました．売り手よし，買い手よし，世間よし，です．売り手というのは企
業ですね．買い手はお客様です．世間よし，これは社会です．この三方，三者が
メリットを共有できないと駄目なんだという考え方が元々ありました．その考え
方をベースにして，これから未来を語っていかないといけないと思います．考え
ていかなければいけない状況の中で，われわれができることをやっていこうとい
うことでこのような活動を始めました．

2）エネルギー・ガスの自由化

　もう一度，大阪ガスを取り巻く環境をご説明申しあげますと，グローバリゼー
ションの進展にともない，エネルギーについても日本だけでなく外国でガスを
売ったりしています．それで，今年からのエネルギーの自由化です．来年（2017年）
からガスの自由化もスタートし，関西電力さんもガスを売ると宣伝しておられま
す．このように，エネルギーの自由化が進む訳です．ちょっと驚かれるかもしれ
ませんが，ソフトバンクさんが電気を売ったりしています．ということで，われ

われもそれに勝るようなことをやっていかなければと考えています.

3）社会のニーズにこたえる戦略とは

　先ほど八木先生の方から経験価値というお話がありましたけど,元々一次産業,要は物自体の価値に優位性がありました.例えば,新鮮な農作物とかその素材に価値があったのが,だんだん工業製品に価値が移るようになり,そしてサービス,またそれを全部1・2・3と掛けた6次産業という考え方が出て参りました.さらに,現在は経験価値,どんな感動を与えてくれるのかということに価値の本質が移っているという状況であります.いわゆる,これまでの成功体験では解決できない課題があります.社会も,お客様も,そして自社もという認識をまずする必要があります.社会課題とは何なのか,例えば,少子高齢化,あるいは人口減少,そして自然災害があります.それによって起こる問題は,例えば医療費が激増するとか,あるいは青少年が成長する機会が少なくなるとか,コミュニティが消滅するとか,あるいは災害によってまちの基盤が消滅する,という問題です.それに対する社会のニーズは健康寿命,健康で寝たきりにならない,医療費を使わないような状況の必要性とか,あるいは青少年とか,あるいは高齢者が健康,あるいは意欲をもって活動できるような居場所と出番が必要であるとか,こういったニーズがあります.それに対して,われわれは世界で一番住みたいまち,あるいは訪れたいまちを自治体あるいは企業あるいは地域の方々と作っていく,これが1つのシェアードバリュー,価値の共有化,もしくはウィンウィンの形になるのではないかと思います.このように考えて活動を起こしているのです.

　大阪ガスの創業の理念は,ガス灯にガスを供給し社会を明るくしたい,良くしたいというものでした.ガス会社というのはガス灯に始まり,熱とか炎とか,そういうものを使って社会を良くしたい,明るくしたい,そういう思いでこれまでやってきました.社会を良くするというミッションは,社会課題の解決と同意であるとともに同時に,会社が持続していくための事業や戦略,それを達成するための組織戦略です.この図（ビジョン→ミッション→戦略→組織というマネジメントの要諦を表す図）はまさにマネジメントの考え方を表している図ですけれども,ミッションとしての社会課題の解決をわれわれはソーシャル・デザインと呼んでいます.スポーツが有するさまざまな機能で解決の可能性があるのかということなどを考えて,そして健康なまちをつくっていこうという活動を行っています.

４）健康を意識した取り組み

　大阪ガスという会社は，現業というか現場，ガスの検針や道路を掘ってガス管の修理をするなど，非常に現場の仕事が多い会社ですので，健康というのに非常に気を使いました．健康開発センターが1970年にできまして，検診，診断をして，悪かったらそれを治すためのトレーニング，トレーナーがいて，という仕組みをもうすでに持っていたのです．また，オージースポーツという関係会社は，フィットネスクラブの「コ・ス・パ」を運営しております．その他，企業スポーツである，硬式野球部あるいは陸上部，今津グラウンドというハード，そしてそこでは部長杯（かつては社長杯として大々的に行われていたが…）という，社員全体がそこでスポーツをするという仕組みですね．

５）アスリートのセカンドキャリアの創造

　そうしたバックボーンがあり，NOBYというのを2010年にスタートして，現在では約400名の会員がいます．これは2008年に朝原がメダルを取って，そして2009年からプレオープンしたのですが，実は2006年ぐらいから横山先生のご協力を得て，朝原が引退した後どういうふうにセカンドキャリアを，あるいは朝原が大阪ガスの中で価値を持つためにどうしたらいいんだと，そういうことを考えるプロジェクトを立ち上げたんですね．朝原プロジェクトと言います．「勝手連」的に社員の有志で作って，社内のオーソライズもなく活動していたんですけども，その活動が結果的にはこういうところに効いてきました．朝原は引退した後も，メダルを取ったものですからテレビ出演に講演に非常に忙しくなります．いろいろなところで引っ張りだこでお呼びがかかります．普通だったらそれでだんだん価値がなくなっていって，4年後のロンドンではまったく過去の人になるというのが普通なんですけど，彼の場合は価値がなくなるところか，そういったNOBYの活動，あるいはこれを基にしたリアルな経験を基にしゃべるネタも増えていくことから講演も増えていきます．単なる「オリンピックと私」みたいなものじゃなくて，今何を目的にどんな活動をしているんだとか，オリンピックあるいは今までの経験価値をどんなふうに生かそうとしているんだということをしゃべれるようになるということもあって，非常にリアルな場を持ったということが，彼にとっては非常に大きかったと言えます．そして，そのことは，それ以上に大阪ガスにとっても大きかったということであります．

健康力向上に向けて大阪ガスが貢献できること
NOBYメソッドを地域の健康力向上に向けて水平展開

NOBY T&F CLUB

実践

- 在籍人数が100名（2010年）から現在400名（NOBY経験者延べ600名）
- 大阪や京都，洲本など遠方からも参加
- 全日本中学校陸上競技選手権決勝進出者が出てきた
- 会員満足度は3年連続で90%を超える

会員・保護者さまの声

- 先生方の子どもに対する接し方や，プログラムの内容等，さすがプロだなあと感心することばかりです（小学生Aコース保護者）
- トップアスリートだった朝原さんに直接指導を受けることができるのは子ども達にとってすばらしいことですね．息子を見て，よりレベルの高い選手との交流が成長させることを実感（専門一般）
- コーチの方々が選手一人ひとりをしっかりと見てくれた，また相談や質問をした際の，的確なアドバイスをしてくれること（専門一般）

京都光華ランニングクラブへの水平展開

西京極陸上競技場も使用予定

- 2015年4月より京都市民にスポーツを通した健康力向上を目的とし，光華・京都市が連携して設立する予定の「光華ランニングクラブ」にNOBYメソッドを提供．地域の大学と連携した健康開発モデル確立を目指す．

もりのみやキューズモールBASEへの水平展開

- 2015年4月29日，東急不動産が地下鉄森ノ宮駅上の日生球場跡地に「もりのみやキューズモールBASE」をオープンさせる．商業施設屋上に陸上トラックやフットサル場を設置し，地域の健康増進に貢献しランドマークとして機能させる計画（デベロッパーとの連携モデルの試行）．

- 大阪ガス・アスリートネットワーク・東急グループとが，共同で健康力を向上する運動プログラムを開発することに合意．
- スポーツコンテンツ開発と併せて，トップアスリートが市民と触れ合う場とするために，アスリートネットワーク・ラボを設置．

図3　大阪ガスの社会貢献活動

　NOBYでいろいろな子どもたちが成長します．単に足が速くなるというだけじゃなくて，子ども同士や親子，地域のコミュニケーションの推進とかです．あるいは，このNOBYを中心に学校とか大学あるいは自治体，あるいは企業が連携を取るという意味で，ソーシャルキャピタルの創造の場ともなっているということであります．

　2010年4月にまずグラウンド，大阪ガスの福利厚生施設でスタートしたNOBYは，朝原宣治の「のぶはる」の愛称「NOBY」なんですけれども，われわれは「New Opportunity Before You」という1つのビジョンというか理念をこれに込めたのです（**図3**）．このように成長しようとする人にすべての方に，公平に機会を提供しようという理念のもとにやっていますので，単に足が速くなるだ

けではありません．成長しようとする人，あるいは足が速くなりたいとか，あるいはもっとスポーツができるようになりたいとかいう人に，いろんな側面でサポートをする，そういうチームになっています．その NOBY から派生をして，例えば今，去年（2015年）から光華女子大と一緒になってランニングクラブをスタートさせています．

6）もりのみやキューズモール BASE の成功事例

　もう1つは，東急不動産さんが開発したもりのみやキューズモール BASE の屋上に陸上のトラックを設置するということで，計画段階から朝原と東急不動産と話をして，どういう所にするんだと，アスリートネットワークのメンバーとコラボレーションしていました．通常，大阪ガス営業部隊がこういった施設にはコージェネレーションというガスシステムとかを提案し，競合を経て導入されるのですけど，これが計画されるときから朝原と一緒に検討していましたので，ガスの機器についてはほぼ競合無しで入れられたということで営業部署からも感謝をされました．

　これは，先ほど申しました，もりのみやキューズモール BASE です．（キューズモール全体図を指しながら）ここが入口なんですけど，ここにアスリート食堂，アス食というものがあります．これはアスリート用の食を提供するというよりも，アスリートのコンディショニングの経験知を参考に，無農薬，減農薬の素材，エネルギー量とか栄養に配慮したそういうものを出す食堂，レストランです．そして，ここはトラックですね．ここに東急オアシスというフィットネスクラブがあって，そこで奥野さんのシンクロクラスとかテコンドースクールとかというものをやっています．プロのアスリートの中でもトップアスリートが指導しています．フットサル場が2面あります．この計画当初は，フットサル場は1面だったんですね．しかし，アスリートネットワークとのミーティングの中で，森島さんというセレッソの元Jリーガーがいますよね．その方がやっぱり2つなかったらダメだと言いました．2つあることによって大会もできるし，使い勝手が非常に良くなるんだ，というアドバイスを基に2面になったということであります．こういった施設づくりにもアスリートの意見が活かされる仕組みを構築することも，アスリートの価値を活かすという側面と，アスリートのセカンドキャリアの場の創出という2つの側面においてデザインされていると言えます．

7）誇りの持てるまちへ

　今まで，自社の取り組みとそして他企業と連携した取り組みをお話をしましたけれども，これから特に注力しようとしているのが，自治体と連携をしたまちづくりに，あるいは都市計画にかかわっていこうという活動であります．言うなれば，そのまちのトップ，すなわち市長は子どもが育つまちにしたいとか，ダイバーシティが進むまちにしたいとか，そういったニーズがあります．それを実現するためのお手伝いをしようとするものです．

　例えば，これは大阪の大東市という所です．人口約 10 万人の都市です．市民の方が，私はこのまちにある意味誇りを持てない，そういった特徴がないんだということをおっしゃっていたので，だったら誇りを持てる，あるいはもっともっと世界で一番いいまちにしましょうよと働きかけました．三好長慶など歴史や文化資産をはじめ，いろいろな良い所があるじゃないですか，それをつなぎ合わせる，あるいはわれわれが持っているスポーツ資産なり，あるいは大阪ガスが持っている文化を育成するノウハウですね，演劇とかそういう文化を形にする，そういったものをつなぎ合わせて，ここにしかない体験ができる，経験価値を提供できるものを作ろうじゃないですかということで活動を始めました．実際に大東市の総合戦略に，大東スタイルという形でこの考え方というか取り組みがビルトインされるようになりました．われわれが考える健康スポーツ，そして心の健康である，文化や歴史を研究し，そのまちに住む 1 つの価値を認識できるよう演劇とかダンスとか，そういうものを取り入れた活動にしようよと進めました．

　そして，最後には食です．やっぱり人が集まるというのは食です．6 次産業になりますけれども，その土地にしかない食材あるいは作り方，料理みたいなものを掘り起こして，健康スポーツ，あるいは文化にこれを融合させていこうということです．これは 3 つ並行してやるというのもありますけれども，融合することによって，例えば健康スポーツと食を融合させてアスリート食という，アスリートが提案する食というコンテンツも作れますし，文化と健康スポーツを融合させてツーリズムと，スポーツツーリズムという考え方もできます．こういったことをやっていこうではありませんかということで，やり始めました．

8）地元企業と連携したまちづくり

　そこで，大東ピクニックというイベントをやって市民にこの考え方を周知しま

した．ぜひネットで調べてほしいんですけど，グリーンズという団体がうまくレポートしてくれていますので，それを見ていただければと思います．われわれがまず大東市に「大東スタイル（大東市でしか体験できないくらし）」の提案をして，それを実現するための民間資本である大東倶楽部の設立を地元企業に働きかけました．ポイントは，地元の企業にそれをやってもらうということです．今までは結構自治体がそれをやるとかですね，そういうことを考えていましたけれども，持続可能性を考えますと，企業にそれをやってもらう方が良い．特に地元には，摂津倉庫という地元志向，地元に非常に愛着を持っている企業，社会貢献をやりたいんだということを考えている企業があったので，そこと連携をしてこういう大東倶楽部という倶楽部を作ってそれを運営する，それを実現するような仕組みを作りました．

　しかし，事業を立ち上げようとするとやっぱりお金が要ります．初期投資には国の補助金を申請しました．それもただ単にスポーツ関連の補助金ではなくて，地方創成がらみの地域経済循環事業交付金などです．今は政府が地域の自立を奨励し，地方創生の補助金を用意してくれています．皆さんは文部科学省の補助金ぐらいしかあんまりなじみがないと思いますけれども…．国も今まで国でやっていたのをどんどん地方にやらせようとしています．やる！　と声をあげると，どんどん活動資金が入る仕組みになっています．われわれはこの中で総務省の補助金に応募し認められました．そういうことでまずはお金を調達しました．そして，大東スタイルの体験イベントである，大東ピクニックをやりまして，来年（2017年）の1月には大東倶楽部の活動がスタートする運びとなっています．こういった地域の活性化をお手伝いしているということです．

9）CSV，ソーシャル・デザインの発展へ

　先ほど，元々日本には三方よしという考え方があって，それで経済が発達をしてきたはずだと申しあげました．しかし，いろいろな問題，企業の非倫理的行動があってCSRという考え方が主流になっておりました．しかし企業の社会的責任を求めるだけでなく，さらにそれを発展させていこうというCSVという考えが出てきました．さらに，それからの発展という形で，やはり定着するためにはステイクホルダーとの連携，ステイクホルダーというのは，お客様，自治体等々，企業と関係のある人たち，株主もそうです．株主も企業には儲けて欲しいと思っ

ています．単にガスで儲ける，スポーツで儲けるじゃなくて，全体的なまちづくりの中で利益をあげていくんだと，そういったことを考えていくということで株主の理解も得ようとする狙いもあります．

　それには社会の課題を解決します，おたくの課題は何ですかという中で，例えば医療費の増大だ，あるいは人がどんどん減っていくんだ，あるいは子どもの体力が低いんだという中で，われわれが持っている健康スポーツコンテンツのみならず，歴史文化，そして食ですね，これを融合させながらそのまちの社会課題に合ったメニューを作っていくということを今やっています．大体のところには対応できます．なので，未来としては元々過去，元々あった日本として非常に大事なというか優位性を持てる考え方を，ぜひ今後はソーシャル・デザイン，社会課題を解決することがビジネスにつながるんだということを行っていきたいと考えています．しかし，まだまだ社内で浸透しているとは言いきれないので，これを何とか浸透させていきたいと思っています．

10）社会変化によって求められる企業の変化

　社会の構造が急速に変容してきました．超少子高齢化，人口減の問題，今日は触れませんでしたけれども IoT も今後進むでしょう．したがって，これからは，製造業の力を発揮するためにはこの IoT も必要である，企業の経営戦略も変わってきましたよとのことでした．大阪ガスはエネルギーの自由化という今まで経験したことのない，今までは CSR でちゃんとコンプライアンスやっていますと言っただけで，皆さん供給エリアの大体の方々は大阪ガスのガスを使っていただきました．

　しかし，これからは例えば関西電力さんと契約すると関西電力のガスになります．そういった競合と普通に対峙しなければならない企業になっていく中で，どういった優位性を持っていくのか，その優位性をどう生かしていったら競争に勝っていけるのかということを考えないといけなくなりました．今までは，ガスの技術とか，例えば水素を開発する技術とか，営業力とか，まちのガスショップのような地域密着戦略とか，そこで勝負してきました．

11）これからの大阪ガスの対応

　要は，1つのもので儲けるのではなくて，総合的にまちづくりにかかわること

によって大阪ガスが今まで大事にしてきた健康スポーツや文化，食といったものを武器に闘うこと，すなわち例えガスが取れなくても他で儲ける，他社がコストと考えてきたものを武器に戦うんだ，そういった粘り腰の事業をしていかないといけないということです．そのためには，やっぱり健康，誰もが志向する健康というのが1つのキーワードではないかと思っています．それに対してスポーツ，アスリートは何をできるのかということを考えるのが肝要です．

　これは皆さん（スポーツ健康科学部の学生）にも言えることですけどね．スポーツだけではなく，いろんな地域にある食や歴史文化との関係性も考えることです．特に，関西は歴史文化の宝庫でもあります．したがって，まちづくりの中ではこういった物をしっかり掘り起こす，あるいは過去の価値を再起動させる，そういった考え方とスポーツの価値を融合させるということが大事だと思います．

12）未来を見据えた企業戦略

　これから少子高齢化で健康が志向される，あるいは2019年から世界的なスポーツイベントが日本に来る，そういうタイミングだから何かやるというのではなくて，それまでにこういった活動，地域における健康なまちづくり活動を定着させていくことがそういったビッグイベントで国内外から多くの人が来られた場合，さらにその効果を最大化できるということです．

　したがって，正統派のスポーツビジネス企業ではありませんけれども，一般の企業もこういった考え方，特に企業スポーツに力を入れている会社はそういったスポーツ資産というものをもう一度見直してこういった企業の戦略に組み込むことが競争力につながるんじゃないかなと思いますし，大阪ガスではそれを実行したい，必ず成功させてそれが今後の大阪ガスにおける事業戦略のスタンダードになればいいなと考えています．以上です．

質疑応答

（質問者）　貴重なお話ありがとうございます．スポーツ健康科学部3回生です．今，未来のお話も少しされていましたが，社会課題を背景に健康志向の世の中でキューズモールにスポーツ施設を作られたりされていると思いますが，今後10年20年後にどのような取り組みを大阪ガスさんはしていくかについて，もう少し具体的に何か構想などがあるのでしたら，ぜひ教えていただき

たいです．お願いします．

（石井氏）　ありがとうございます．今後社会がどのように変化するのか，エネルギーのみならず，健康生活づくり戦略が本当にうまく行っているかとか，それを考えるときに，なかなか 10 年 20 年先を見据えるのは難しいなと社内でも考えています．ただし，例えば生きていく以上は健康とか，エネルギーというのは，今までも快適な生活を提供するというキャッチフレーズで事業をやってきましたけれども，これからはそれこそ本当に健康に対するニーズも本格化するのではないかと思っています．地域包括ケアシステムというシステムがあって，病院では高齢者は最後まで看とってくれないですね．高齢者は地域で面倒見なさい，あるいは自分や家族の力で対応しなさい，あるいは最後は家で看取りなさいというふうになっています．

　したがって，寝たきりの時期が短いとか，あるいは死ぬまで健康であることが，今もそうですが価値になってきます．それに対してエネルギー会社としてどんなシステムを提供することが健康にプラスとなるのか，例えば，ヒートショック対応とかですね．すでに大阪ガスではそういう製品を売って，その問題に対応するということはやっておりますが，ただそれ以外でも子どもたちの成長のサポートを行う，あるいは人間は 90 歳，死ぬまで成長するんだという理論がありますけれども，そのためにもやっぱり企業が持っているいろいろなものを，それに対してどう生かして形にしていくのか，コンテンツにしていくのか，ということを考えていかねばならないということでしょうね．

　しかし，やっぱり人が生きていく以上はエネルギー事業者として，あるいはスポーツを大事にしてきた企業の一員としては，やっぱり人の健康のみならず，まちの健康，八木先生のお話の中に出てきたウェルビーイングという考え方，まちの健全性ですね，まちの健康力の向上に寄与することもミッションだと思います．そういうところにビジネスチャンスがあると思いますので，大阪ガスという企業グループ全体をそういうふうに持っていくことが，ある意味 10 年 20 年先にも選ばれる企業になるのかなというふうに思っています．

（八木氏）　先ほど，10 年後および 20 年後の日本経済はどうなるのかという点に関して質問がありました．非常に難しい問題と思います．この問題を国際

マクロ経済学の立場で考えたときに，グローバル化の進展が日本のマクロ的な環境にどのようなインパクトを与えるのかを考えることが1つの切り口になると思います．例えば，児童労働はなぜ問題なのでしょうか．

　道徳的価値観として，小さい子どもの就学機会を奪って働かせるということは非常に問題だという立場かと思います．マクロ経済学的な立場からは，児童労働を家計の主要な収入源にしている状況では，子どもを多く出産することにより家計所得を増大させるという行動をもたらし，それが世界規模での人口爆発につながる点が問題となります．

　10年後20年後に最も心配な問題は人口爆発です．人口爆発によって労働力が無限に供給され，賃金水準は上昇しないことになります．グローバル化が進展するにしたがって，格差が拡大していくという問題になりますよね．これは先進国においても途上国においても，格差の拡大というのが問題になってくるとともに，人口爆発は環境を大きく悪化させる脅威となります．水資源は不足し，穀物生産増が人口増に追いつかない場合には，飢餓問題が発生します．児童労働を許していると人口爆発が続き，先進国においても途上国においても貧富の格差が非常に拡大していくとともに，失業者の増大による社会不安の深刻化が懸念されます．企業は，20年後のグローバル経済の動きを読み込んだ上で，今何をすべきかを考え，行動に移してく必要があると考えております．

（司会者）　ありがとうございました．それでは，最後に講師の方々に一言ずついただきたいと思います．

最後のメッセージ
・石井氏
　今日はこういう機会をいただきましてありがとうございました．今，八木先生の人口爆発というお話，世界的に見てそういうことがあるということですが，われわれエネルギー会社はある意味日本においては，人口は減っていくというシナリオを前提に今戦略を考えています．あるいは高齢化をしていく中でどうしたらエネルギーを使ってもらうのか．また，国の問題意識，要は高齢者にいつまでも元気で病気にかからず元気にいてほしいという中でわれわれができること，それ

によってわれわれもビジネスを広げていくという，そういったことを考えだしています．われわれも現在は外国でもエネルギーを販売する事業を行っており，今は約3分の1がそういう分野にシフトしている中で，ほとんど国内がマーケットであったわれわれガス会社にとって重要なものになっていくのかなということで，今日はお話させていただきました．どうもありがとうございました．

・八木氏

　本日この場にお招きいただきました横山先生，大変ありがとうございます．横山先生との接点ですが，スポーツ経済学をここ5年ほどの間，一緒に取り組ませていただいております．その成果として，2冊ほど本を出版しました．スポーツ経済学は皆さんにとって非常に関係が深い分野と思いますが，方法論的に難しい部分があります．逆に，スポーツ経済学の方法論をある程度身に付けることにより，スポーツ関連分野の学部の中で差別化が可能になると考えます．日本でスポーツ経済学が学べる場は少なく，同志社大学はこの分野で先端的な位置付けにあると理解しております．この機会を是非活用してください．よろしくお願いします．本日は，どうもありがとうございました．

（担当学生：淡田夏都香，遠藤貴晃）

第5章　プロスポーツ

1．アルビレックス新潟シンガポールのビジネスモデル
是永　大輔　アルビレックス新潟シンガポール CEO／
　　　　　　アルビレックス新潟バルセロナプレジデント

　近年，ラグビー日本代表のワールドカップでの活躍やバスケット新リーグである B リーグの開幕などにより，プロスポーツ界全体が盛り上がっているように感じます．また，東京オリンピックの開催に向けて，政府としてもスポーツ予算を増加するなど力を入れており，ますますスポーツに注目が集まっています．しかしながら，日本のプロスポーツ界を引っ張ってきたスポーツの1つともいえるサッカー・J リーグの観客動員数が，近年頭打ちの傾向にあります．この現状を打開し，さらなるスポーツ界の発展に向けて，マーケットの拡大が必要になっていると考えられます．そこで出てくるのが海外進出です．

　さまざまな分野において「国際化」が謳われ，日本国内に留まらず，インバウンドも含め海外へと市場の拡大が行われています．それはプロスポーツ界においても例外でなく，すでに，東南アジアを中心とした世界各国のクラブと提携関係を結んでいる J クラブも多く，日本国内だけでなく海外でのビジネスチャンスをつかもうという動きがあります．

　その中でもアルビレックス新潟は，海外クラブとの提携ではなく海外に日本人だけのチームを創設し，2016 年には完全優勝を成し遂げました．それがアルビレックス新潟シンガポールです．今回の講演では，2008 年に就任してから，経営状態が思わしくなかったアルビレックス新潟シンガポールを立て直し完全優勝という偉業を成し遂げました，アルビレックス新潟シンガポール現 CEO である是永大輔氏にお話を伺います．

　実際のアジアサッカーの環境を理解し，日本とは異なる文化にあるシンガポールで成功をつかんだ是永氏が，クラブ経営者として次々と経営手段を打ちだし，シンガポールだけにとどまらず，マレーシア，ミャンマー，バルセロナでも事業を展開し，クラブ収益を上げていることと，将来，J リーグやヨーロッパでプレーしたいと思っている日本人選手たちを育成しながら強いクラブを作ることの両方を同時に達成する秘訣や，これからの未来を託された若い日本人が今すぐ海外に出ていく必要性，10 年 20 年先の未来を想像し自分が何をしているかを考えることの重要性をお話しいただきます．

　今後，さらなるスポーツの観戦者獲得に向けて，プロスポーツの経営戦略について学んでいく．異国の地で，敏腕ビジネスマンとして成功している講師の是永氏から，海外のプロサッカークラブ経営の仕方や海外事業戦略についての意見を聞くことで，読者の参考となれば幸いであります．

　それでは，定刻となりましたのでスポーツマネジメントプロジェクトセミナーを開催いたします．皆様，本日はお忙しい中，第5回スポーツマネジメントプロジェクトセミナーにご来場いただき誠にありがとうございます．本日，司会進行を務めさせていただきます，同志社大学スポーツ健康科学部3回生の岡村と出口です．どうぞよろしくお願い申しあげます．今回のセミナーでは，プロスポーツの経営戦略というところに焦点を当てて講師の方にお話をしていただきます．

　それでは，本日お越しいただいた講師の方の紹介をさせていただきます．アルビレックス新潟シンガポール CEO，アルビレックス新潟バルセロナプレジデントの是永大輔様です．それでは是永様のご講演を承ります，是永様よろしくお願いします．

1．アルビレックス新潟シンガポールのビジネスモデル

（是永大輔）

1）経歴と仕事の概要

　皆さんこんにちは．改めましてアルビレックス新潟シンガポール，是永と申します．今日は1時間半の時間をいただいています．アルビレックス新潟シンガポールの海外クラブ経営の今と未来を中心に，今われわれが何をしているのかについて話をさせてもらうのと同時に，学生の皆さんもたくさんいらっしゃるということなので，こんなふうに学生をやったら楽しいよとか，こんなふうに未来を過ごしたら楽しいよ，ということを一緒にまとめてお話をしたいなと思っています．よろしくお願いします．

　アルビレックス新潟シンガポールというサッカーチームと，アルビレックス新潟バルセロナというサッカーチームをやっています．ちょっと前は，カンボジアのアルビレックス新潟プノンペンというサッカーチームも1年間やっていました．あとは，マレーシアとミャンマーとタイでスポーツビジネスを今展開しています．アルビレックス新潟というチームが，シンガポールという海外で，日本人だけの選手たちでサッカーをやって，応援してくれるファンを獲得するのは大変です．

　今，アルビレックス新潟シンガポールというチームは，お蔭様で業績も順調になってきたということがあるのですが，じゃあ，それまでに私，是永大輔は何を

是永大輔氏

していたかということを説明しますと，大学は日本大学芸術学部でした．いわゆ
る日芸といって，僕はその中で演劇学科というところにいました．演劇学科で演
劇をしながら，脚本を書いたり演技をしたりということもやっていました．そう
いう流れの中で僕の卒業した年が2002年でした．2002年と言えば，日韓ワール
ドカップです．

　ワールドカップの年で，そのまま卒業して，そのまま普通に就職したら，ワー
ルドカップって昼間の時間帯とかもやる訳です．そうすると，この試合どうして
も見たいのに何かの仕事があって見られないかもしれない，それは悲しい，とい
うことで，僕は，あるモバイルサイト・携帯のサイトを運営している会社に応募
しました．それでサッカーの世界に入ったわけですけども，最初は時給800円で
す．フリーターに近いです．フリーターの段階から半年後には副編集長，その半
年後には編集長というふうになったわけです．これはなぜかと言えば，それまで
僕は大学でずっとホームページの運営をしていました．今で言ったらブログみた
いなやつ．それでサッカーの記事みたいなものを，毎日，もう寝る時間も惜しん
で書いていた訳ですよ．誰が見るわけでもないのに．誰が期待して読んでいるか
もわからないんだけど，今のサイドバックの上がりについてとか，素人でしたが，
睡眠時間を削って一生懸命に朝まで書いていました．ところが今この仕事を始め
ると，それが同じことをやっていてもお金になって返ってきます．これはすごく
楽しいなと思って，ほとんどの時間会社にいてずっと仕事というか，僕にとって
は遊びですよね，普段趣味でやっていたようなことをずっと同じようにやったら

お金になってきて，その先にスポーツ新聞の是永大輔の連載が始まったりしました．

あと，中学校のときから大好きなチームは FC バルセロナです．ここと仕事をするようになって，マン U とかリバプールなどとも一緒に仕事をするようになりました．雑誌，作りました．広告事業，やりました．これもサッカーの広告事業，マーチャンダイズ，いわゆる物販ですね．それも始めて，ついには CD も出しました．オリコン初登場 124 位だった CD も出して，「ああこれはもう大体やったな」と．楽しくサッカービジネスやったなというタイミングで，アルビレックス新潟からシンガポールでの社長を探していると言われたのが，僕が 29 歳のときですね．この会社をやって 5〜6 年かな，そのタイミングで声がかかりました．それで，即答で行きますと．もう大体やったなと思っていたので，次のことをやってみたいなと，一生に一度くらいサッカーチームをやってみたいなと思っていたので行きました．そして行ってみたものの，アルビレックス新潟シンガポールは何のためにあるのかわからなかったです．ピッチ上で全員外国人のチームが勝手にプレーして，勝手に気持ち良くなっているみたいな感じです．例えば想像してください．J1 に何とかブラジルっていうチームがあって全員ブラジル人のチームがあるってことです．どうですか．

（学生 F）　いや，応援しようと思わないです．

（是永氏）　応援しようと思わないと言うか，何かやっているな，という状態だったと思います．しかも僕が経営を始めたのが 2008 年からですけれども，クラブ自体は 2004 年からありました．2004，2005，2006，2007 のこの 4 年間，毎年毎年何千万円かがアルビレックス新潟から損失補填として流れていました．そしたら，もし何千万っていう金額があったら，アルビレックス新潟はもっと良い選手を取れるわけですよ．そんな中でシンガポールに意味なく投資していたら，いつか絶対破綻すると思ったんですね．行く前はそんなこと聞かされてなくて，行ったらやばいなこれ，という状況だった．そんな時に，じゃあわかりました，もうその何千万円要らないので独立採算でやらせてください．その代わり好きにやりますと言いました．こういうことから新しくアルビレックス新潟シンガポールが始まっていったんです．

じゃあ，この「何のためにある」というのをまず 1 つ作ってみようと思いました．今，見て言ったようなことが経営というかストーリー，経営とはストーリーです．

僕は日本大学演劇学科にいたのでよくこういうふうな話にするんですけど，トップの書いた脚本にたくさんの人を巻き込んでいく，これが経営なんです．ストーリーを作る，そして，そのストーリーに1人でも多くの人を巻き込んで行くということが，これはスポーツビジネスだけではなくてどの会社に入っても同じこと，これが経営です．そのストーリーの中に，例えばお金が足りないのであればお金をどこかから引っ張ってこなければいけないし，仕組みが足りないんだったらその仕組みを作らなければいけない，という環境やそのストーリーを作っていくのが経営だと思っています．それは，ある人は役者になって，ある人は演出家になって，ある人は観客になるのと同じことです．

それでは，私にとってのストーリーの背景は何だろうというのが，日本の少子化です．これから少子化であれば，海外と協力して何かをしなきゃいけない．海外から人を入れるのもそうだし，海外とコミュニケーションを作っていかなきゃいけない．そういう時代が間違いなくこれからやってきます．ところが，観光庁が出している20歳代のパスポート取得率というデータでは，平成25年には5.9％です．しかも年々減少傾向です．100人に6人しかパスポートを持っていないんです．

これから海外を巻き込んだり，巻き込まれたりしていかなくてはいけない状況なのに，海外のことはあんまり関係ないという人が多いんです．じゃあ，話は長くなりましたけども，アルビレックス新潟シンガポールで海外で堂々と戦う若い日本人の育成をしようと考えました．

2）アルビレックス新潟シンガポールのビジネスモデル

アルビレックス新潟シンガポールは，今年，Sリーグで完全制覇，完全優勝しました．日本でいうJリーグにあたるのがSリーグです．リーグカップというのがルヴァンカップ．シンガポールカップというのは天皇杯，チャリティシールドというのがゼロックススーパーカップだと思ってください．これを1年かけて全部優勝した，シンガポールで初めてのチームとなりました．これは売上の推移です．先ほども言いましたが，2008年から私は独立採算でやっています．

現在，クラブハウスという事業が全体の67.1％の売上を占めます．これは何かというとカジノです．クラブハウスの中にスロットマシンを置いてあります．それによって収益を確保して，その収益をサッカーの活動に展開しているわけで

すね．これは日本だと，今のところできない仕組みです．ところが海外だと，シンガポールの他のチーム，他のローカルのチームは大体ほとんど持っているし，持っているのがクラブの運営です．あとはヨーロッパ等でもカフェの横にちょっとしたスロットマシンの施設を併設するような文化があります．67.1％もクラブハウスのカジノで稼ぐことについて，「お前たちはパチンコ屋じゃないか」と言う人がいるんですけど，何が悪いんだと思っています．シンガポールはこうなんだ，パチンコ屋をやって何が悪いんだという話なんです．ただし，その金はちゃんと使わなくてはいけないというふうに思っています．

　今のカジノを除く売上の割合というのは，大体，スポーツ・教育・世界・その他という感じで分けると，リーグの分配金が44％，スポンサーなども含めてそれぐらいあります．教育，各種スクールは，サッカースクール，チアダンススクールなどが32％あります．

　あとは，アルビレックス新潟シンガポールのチームに対してのスポンサーですが，メインスポンサーはキヤノンさんとかTDKさん，キリンさん，キッコーマンさん，JTBさんなど，ほぼすべてが日系の企業です．つまり，われわれが設定した「世界で堂々と戦う若い日本人の育成」というものに対して協賛をしてくれているという方々がこの会社さんたちです．先ほどの話で出てきたクラブハウスはどんなものなのかと言うと，以前は，スタジアムの中のある一室を借りてやっていたのですが，昨年から街中のショッピングセンターの1階をぶち抜いて，こんな感じで作ってみたんですね．そうしたら急に売上が上がるようになってきました．あとスクール事業ですね．今サッカースクールとチアダンススクールをやっています．

　ただ，例えばカジノ，クラブハウスでカジノをやって稼いでいると，地元の人から突っ込まれる可能性があります．あいつら，サッカーチームだからってクラブハウスやって稼いでるんじゃないかということです．このように指摘されることがあるかもしれない，ということで，今やっているのが地域社会への貢献です．これは，もちろんクラブの存在価値として社会貢献というのは必要なんだけれども，あとはさっき言ったように，実は，地元から，なんだお前らと言われないための予防線でもあります．やっている活動としては，今ホームゲーム入場者数，ホームゲームへの1人入場ごとに1ドルを地元の地域に寄付しています．それで，その寄付したお金を使ってこのYAFA，ユフアルビレックスフットボールアカデ

ミーというのを作っています．これは何かというと，お金でサッカースクール，サッカークリニックを運営しています．この寄付したお金がクリニックスタッフの人件費となる訳です．

　何が言いたいかというと，あるサッカーアカデミーを一緒に作っていく場合に，「じゃあ指導者を派遣します」と，ある自治体に寄付をします．それでサッカー指導者を派遣します．この派遣した人件費は，この寄付金から頂戴するというのは表に出ません．つまりわれわれは寄付をしている団体だということをこれで示している訳ですね．こんなことをやっていたら，シンガポール政府から賞をいただいたりして，非常に価値のある活動として認められています．さらに，来年からアルビレックス・スポーツ・デベロップメント・ファンドというのを作ります．これ何かと言うと，そのカジノの売上の一部を使って，シンガポールの若い子どもたちを日本に連れていき，新潟でサッカーのトレーニングに参加してもらい，それと同時に，例えば新潟の文化，日本の文化というのも体験してもらう内容です．それをシンガポール国内でいろいろな形で伝播させていこうというのが狙いです．こんな感じで地域社会への貢献をしています．

3）アルビレックス新潟バルセロナ

　次にバルセロナですね．世界に羽ばたく国際人サッカー語プラススペイン語とあります．簡単に言うと，サッカー語というのはコミュニケーションツールです．サッカーというのは，言語よりも凄いものです．ワールドカップの予選に参加する国は国連加盟国よりも多いですね．それぐらい影響力を持ったスポーツであります．例えば，世界を変えたいと思ったときに，小さい国のお金がない子どもたちは恐らく今，例えばオバマ大統領のことは知らないはずです．知らない子もいます．ところが，メッシとかクリスチアーノロナウドのことは知っている可能性が高いのです．世界を変えようと思ったら，例えばたくさんの人を巻き込まなきゃいけないんだったら，オバマ大統領が世界を変えようぜと言うよりもメッシが言った方が価値が上がるかもしれません．伝わりやすいかもしれません．それとスペイン語ですね．スペイン語は，兄弟言語のポルトガル語ほとんど同じです．約世界の 13 ％の人がこのスペイン語・ポルトガル語というのを生活言語としています．ところが，日本国内にこのスペイン語・ポルトガル語を同じように生活言語レベルで喋れる人たちというのは 0.1 ％ぐらいしかいないんですね．世界の

スタンダードが13％に対して日本は0.1％しかいません．差し引き12.9％ぐらい世界のスタンダードと何かロスがあります．少なくとも，コミュニケーションロスは間違いなくあると思います．じゃあ，このスペイン語・ポルトガル語を喋れる人を増やせば，もしかしたら，さっきの下降していく日本の人口を支えていく何かになるかもしれません．それはその人自身がそうなるかもしれないし，その人自身が何かビジネスあるいはコミュニケーションをすることによって，いろいろなものを生んでいくかもしれない，こういう発想の基にアルビレックス新潟バルセロナができました．

このアルビレックス新潟バルセロナ，今はバルセロナフットボールアカデミーとなっていますけれども，実際に今までの卒業生の中では，向こうでスポーツマネジメントの会社を立ち上げたり，あるいは指導者としてスペインのチームで働いている人，あるいは居酒屋でバイトしてる人もいるけれども，彼らが日本に帰ってきて何しているかと言うと，アルビレックス新潟に就職した人間もいる，あるいは他のJクラブで働いている人もいます．そして，何か知らないけどメガバンクに入社した人もいるとか，いろいろな感じでその経験というのをうまく自分の人生に取り入れてくれているなあという感じですね．

基本的なコースは，サッカーとスペイン語と，あとビジネスカリキュラムです．スポーツビジネスコース，メディアコース，指導者コース，マネジャーコースというのがあります．これを8月くらいからスタートして6月までの1シーズンですね，並行してやっていくという形になりますね．週間スケジュールとしては，基本的には平日の午前中全部スペイン語をやります．1日3時間くらい，これ1年間やると英語で言ったら英検2級ぐらいまではいけるらしいです．まあまあ普通に使えるんじゃないかなくらいのレベルには普通になると思います．また，今まで3シーズンやって34人の人が出てるんですけども，満足度100％．みんなもうバルセロナに残っている地元メディアのバルセロナの2大新聞の1つスポルトに取り上げられたりとかしてます．

4）今すぐ海外に出るべき7つの理由

きわめて個人的な思いですが，日本に外から刺激を与えたい，海外で勝負する若者をつくり続けたいと考えてきました．世界を巻き込むような若者が日本に必要だというポリシーでこれまでやってきています．その中，今すぐ海外に出るべき

7つの理由というのがあります.

　まず1つ目は, 日本人は英語を話せます. 皆さんは中学校を出ているはずです. 中学校を出ていたら英語を話せるといって O.K. です. だから, 皆さんは英語を話せると言っていいと思います. 日本以外の海外の人は, 日本人より下手な英語でも堂々と話します. 2つ目は, 日本人の仕事力はスペシャルですね. これは, 世界中のいろいろな人と仕事してきましたけども, 日本人は先回りする力, おもてなしの心があります. はい, 3つ目は, 単一民族文化は世界から見て特殊です. 日本は, 明治維新が起こるまで基本的に他の国との交流がなかったわけです. なので, 勝手に日本という文化が熟成していった, ガラパゴスですね. それが日本酒だけではなくて, 織物とか何とか焼きとか, たくさん身の回りに実はたくさんあります. そういうものが, 実は, チャンスがあれば世界中どこにでも売れます. だから, 海外に出るべきだと思います. 4つ目, 国内だけにとどまるのは危険です. たとえば, シンガポールのエスカレーターは速いんですよ. 日本の3倍くらい速い. でもそれを経験していると, 日本に出張したときに当たり前ですが, 遅く感じる. 遅くてイライラするくらいです. シンガポールだったらもっと早く人が捌けるのになあ, って. でもシンガポールを経験しているから, 「なんで, 遅いんだろう」と考えることができるんです. この「なんで」がとても大切で, 海外にいるだけで発見と気付きを得ているということです. シンガポールではエスカレーター, じゃあアメリカでは, 中国では, ブラジルでは, とそれぞれに発見があります. ぜひ発見と好奇心のアンテナが高い, 若いうちに世界中でたくさんの発見をしてほしいと思っています. 5つ目は, 若者の失敗は笑い話です. そうですね, 同じ失敗を20歳の人がするのと, 60歳の人がするのじゃ全然違いますね. 60歳の人が取り返しのつかないことをやってしまったら本当に取り返しがつかないですからね. 6つ目は, 世界中にあなたの先駆者はたくさんいるということです. 外務省のホームページかなんかで在留邦人リストというのがあります. これは誰でも見られる環境になっていると思うので, 見てもらいたいのですが, そうすると聞いたことのないほとんど聞いたことのない国にもですね, 何十人という日本人が住んでるんです. だから, もしあなたたちがこの国に行きたいと, 聞いたこともない国にふっと行きたいと思ったときには, その先に行っている人たちに聞けばいいんです. そうすると気持ちよく答えてくれます, 寂しいから. 特に若ければ, じゃあ飲みにでも行くかという感じでいろいろなこと教えてくれる

はずです．7つ目は，日本人のパスポートは153カ国で通用します．第19位です．1位はドイツ，スウェーデンの157カ国でほとんど一緒です．世界最強クラスのパスポートです．ところが，そうじゃない国もたくさんあります．ビザをいちいち大使館に申請してとか，帰ってくるのが1週間から2週間かかって，結果はNOでしたとかって言ったら，海外旅行すら難しいことなんですね．ところが，日本人は世界最強クラスのパスポートを持っているのでいつでも行けるよということです．

5）未来予想図

　未来予想図の話をします．10年後自分が何をしているか想像がつく人いますか．実は僕ですね，20歳のときに30歳の自分ということを100個くらい箇条書きにぶわーと書きました．その頃の僕は毎日毎日麻雀ばかりしていて，ろくに学校も行かなかったけれども，ふと思い立って10年後の自分というのを書いたんですね，100個くらい．その中にサッカー業界で働いているというのがありました．当時僕が20歳のときにサッカー業界でまともに飯食えてる人ってほとんどいませんでした．あとは海外に住んでいるというのもありました．海外に行ったことなかったし，パスポートも持ってなかったし，さっきの話じゃないですが．日本と海外を往復する仕事をしているとか，バルセロナと一緒に仕事をしているとか，あとはサッカークラブの社長になっているとか書いておりました．僕が20歳のときに30歳でサッカークラブの社長をやってる日本人はいませんでした．もちろん世界中でもほとんどいなかったはずです．けれども，なりました．書いたことほとんどがその仕事とかに関しては叶ってるんです．だからぜひ皆さん書いてください．

　ただし，叶わないことがいくつかあって，20億円持っているとかね．フェラーリに乗っている，広末涼子と結婚できているとか，叶わないこともあります．なので，異性とかお金とか自分だけではどうにもならない，周りの環境も結構影響します．だから，叶わないこともあるけれども，自分だけで叶うこと，自分の仕事のこと，自分がこうなっている，こうなりたいじゃなくて，10年後こうなっているって書き方をするんです．そうすると，だいたい叶う．騙されたと思って一回書いてください．

　人生の成果は情熱×時間です．好きなことがある人，好きなことを仕事にした

い人，よくね，好きなことがわからないという人がいるんです．でも好きなことがわかっていれば，好きなことって時間かけても平気でしょ．好きなことがそのまま仕事になったらめちゃめちゃ成果が出るわけですよ，みんな気に入ってくれるわけ．なので，好きなことがみんなわかっていれば話が早くて，あとはそれにひたすら時間をかけてください．好きだから寝なくても大丈夫です．好きなことだけやってくださいということをいつも話しています．

6）まとめ

　最後に，多くの人は生活のために仕事をしなければなりません．家族を養うため，子どもを学校に送るためとか．そうなんだけど，正直，今の時代，好きなことをやっても，何となく苦しい仕事をしても，そんなに収入に変わりはありません．日本国内であれば．だとするならば，好きなことであれば時間をかけられるので，より成果が出るんですね．だから，苦しい仕事を何となく嫌なあ思って電車に揺られながら行くよりも，自分の本当に好きなことをやってください．やれば必ず成果は出るんです．自分が天才だと思えること何かありますか．探してください．そして，周りの人を笑顔にできること，こういうことを仕事にしてください．今，皆さんがさっき言った，好きなことがあるというのにこれらを掛け合わせてください．もっともっと若いうちにいろんなところに出ていくことが，最終的に自分のキャリアにつながってくると思うわけです．スポーツビジネスの話をするふりをしながらも，こんな感じで今，たくさんの若い人に似たような話をさせてもらっていて，どんどんチャレンジしていってほしいなあと思っている次第です．以上，ありがとうございました．

（司会者）　ありがとうございます．それでは，質問の時間に移りたいと思います．指定討論班，お願いします．

（質問者）　サッカーのクラブハウスのカジノについてなんですけれど，すごい利益を上げることができることでカジノを恐らく採用されているのかと思います．やはり，賭博とスポーツを結び付けることに少し違和感が私にはあったのですが，例えばバドミントンの選手が賭博で追放されている中で，スポーツとカジノの結び付きはどうお考えなのでしょうか．

（是永氏）　それはさっきも言ったようにシンガポールだからです．あなたの価

値観は違うのかもしれないけども，シンガポールの価値観はそうだからです．それがスタンダードなんです．そこに疑問を挟む余地はありません．郷に入っては郷に従えですよ．そこで何かそのパチンコはどうのとか言い始めたら，じゃあ潰れるんですかということです．シンガポールでは当たり前な事例がここにあるのに，それをやらずに死ぬんですかということですよ．

（質問者） わかりました．ありがとうございます．

（質問者） アルビレックス新潟シンガポールは，是永さんが社長に就任される4年前にできたというお話でしたが，特に何もしてなくて収益が上がっていなかったということだったんですけど，元々どうしてそれを作ったのでしょうか．

（是永氏） 元々は，アルビレックス新潟の若い選手たちを試合に出せる環境を作りたかったということです．

（質問者） それで，特に収益が上がってなかったのは別に選手を出させるためだけに作ったので，特にそこのチームで収益を上げようとは考えてなかったというわけですか．

（是永氏） 出られる環境と，そしてその収益とちゃんと回っていれば，こんなに嬉しいことはないでしょ．だから，そういうモデルにしなきゃいけなかったんだけど，結果として何千万もの投資を毎年，毎年するという不幸な運営になってたわけです．不幸な運営になってたから，逆に言うと，いつ辞めたと言われるかもわからない環境だったわけでしょう．そうしたらなくなってしまいます．

（質問者） はい，わかりました．ありがとうございます．

（質問者） 是永さんが今までの人生の中で，これは大変だったなみたいな出来事があったらお聞きしたいなと思います．

（是永氏） 大変なのはやっぱり人ですね，人，常に人です．人の悪意とかにさらされるのがすごく嫌です．人の嫉妬とかです．何かね，こう調子良くなってくると足を引っ張る人が出てくるんです．コソコソ何かいろいろ，いろいろなところではめようとしてきたりとかね，そういう人たちの悪意に直面したときが1番きついですね．別にそんな悪いことしてるつもりはないんですけどね．

（質問者） そのときはどう対処じゃないですけど，どうされてきたんですか．

（是永氏）　結論として，そういうことが中学校くらいからずっとあるわけです
　　よ，みんなも経験あるかもしれませんが．つまり，その人間の1番負のエネ
　　ルギーが大きい感情って嫉妬だと思います．ジェラシー，人からのジェラシー
　　をいかに避けていくか，逃げていくか，結局，人と競争をいかにしないかと
　　いうことになるわけです．人から人が競争しない，オリジナルの場所の立ち
　　位置にいれば，別にあいつはあいつだね，で終わります．そうじゃなくて，
　　例えば，もしかしたらいるかもしれないけど，みんなのようにですね，大き
　　な企業に入って同期入社みたいな人たちがいっぱいいて，その中で出世争い
　　とかすると，結構嫌な思いをすることがたくさんあるんじゃないかなと思い
　　ます．僕はそういうのが本当に嫌なのでそこには属しません．オリジナルで
　　やろうって決めてるんです．

（質問者）　以前，モバイル会社に勤めていらっしゃったと聞いたんですけど，
　　そのモバイル会社での経験，今この形で活きているみたいなものはありますか．

（是永氏）　やっぱりたくさん文章を書きました．毎日，毎日もう何万字という
　　文章を書き続けたわけですよ．そうすると，論理的な思考能力というのは多
　　分つきます，それだけたくさんやれば，起承転結じゃないけれども．つまり，
　　文章だから人にわかってもらうために書くわけでしょ．人からわかってもら
　　うために書くために，どうやったら1番伝わるんだろうという想像力とか，
　　あるいはどういうふうに話を持っていったら，こういう結論に導けるんだろ
　　うなと，論理的なストーリーの構築というのは勉強になっていると思います．

（質問者）　ありがとうございます．

（質問者）　シンガポールと日本のサッカーでの，例えば試合での集客とか，そ
　　ういった面での明確な違いというか明らかに違うなというようなことは何か
　　あったりするのでしょうか．

（是永氏）　シンガポールは今，観客が少ないです．うちのお客さんは平均2,000
　　人くらいです．これが今，シンガポールで1番多いと思います．

（質問者）　それはアルビレックス新潟シンガポールの活躍を見て，徐々に増え
　　てきた結果がその数ということですか．

（是永氏）　そうです．今シンガポールの人口は550万人ぐらいです．日本の人
　　口が1億2千万人ぐらいとしましょう．だとすると，何分の1だろう，5％
　　ぐらいですね，ざっくり言うと，5％だとして，2万人の5％，2万人入るス

タジアムがありますよね，Jリーグの．2万人の5％は何人ですか．2万人の
10％は何人ですか．では，5％は1,000人でしょ，半分だから．と言うこと
ですよ，肯定的に言うならば．

質疑応答

（司会者）　以上で，本日の講演はすべて終了させていただきます．ここでフロ
　　アからの質問を受け付けたいと思います．ご来場の皆様何かご質問ありまし
　　たら挙手をお願いします．

（質問者）　2点お聞きしたいことがあります．一応，シンガポールという国は
　　東南アジアの中では先進国と言われている国だと思うのですけど，そういっ
　　た国の中で日本と違った部分，例えば，スポーツビジネス，クラブを運営し
　　ていく中で，どういった外部勢力があったりだとか，クラブの運営に何か邪
　　魔になるようなものとか，外圧みたいなものが，横やりと言うかそのライバ
　　ルがいるだとか，そういう資金調達の面であったりだとかあるのでしょうか．

（是永氏）　基本的には外国のチームなわけですよ．別に僕たちがいなくてもい
　　いんですよ，シンガポールとしては．逆に言うと，どういう理由をシンガポー
　　ルに作ってあげるのかと，僕たちで良かったでしょうという理由を作ること
　　が存在価値であり，それが経営なんです．結局，最終的にそれが数字として
　　乗っかってきますから．

（質問者）　そういった価値，どういった価値を作っていこうというのは，もう
　　クラブとしてビジョンを掲げてそこから経営していくという形のイメージ
　　だったんでしょうか．

（是永氏）　要はそのクラブと言うか，本当だから存在意義なんですね．それは
　　どの会社もそうだし，どの個人もそうなんですけど，何を期待されて何を表
　　現していくのかということがすべてだと思います．

（質問者）　ありがとうございます．あともう1点お願いします．多分，いろい
　　ろなスポーツにかかわらず，日本のいろいろな会社であったり組織であった
　　り，倫理上であったりというのは，今，学生もそうだと思います．海外へ行っ
　　ていると，やっぱりそこの現地のニーズをくみ取りきれていなくて，潰れちゃ
　　うというパターンが僕はすごい多いかなというふうに思います．どうやって
　　現地のニーズというのを的確にくみ上げていくかというのには苦労された面

とかありますか.

（是永氏）　苦労と言うか，本当に信頼関係を作れるかどうかです．信頼関係を作るためには，サッカークリニックを日本から半年に一回行って，3 日間東南アジアの国とサッカークリニックやって，アジア戦略だって言ってるサッカークラブもいくつかあるけど，それは違うよと．僕たちは，例えばミャンマーに行ったときもミャンマーの話で言うと，ミャンマーでもずっとこれまで聾学校も 2 年間ずっと週 3 回のサッカークリニックの活動をしてきました．こうやって一緒に汗をかいて泥をかぶって，一緒に文化を作っていくって活動をしないと，ただ何となく日本からお客さん来て何となく楽しい時間だったね，はいバイバイ，と言ったら覚えていませんよ，そんなこと．覚えてないし，この経験が彼らの未来につながるかと言ったらつながらない．本当にやるんだったら本当に腰を据えてちゃんと継続的にやっていかないと，誰も見てくれないのです．

（質問者）　そういった，そこに文化を作ってから，やっぱそこにビジネスなんでサッカーって言ってもお金がついてこないと生活できないということもあるので，そういったお金の部分というのは，まず文化を作って，そこから捻出していくという感じなんですか.

（是永氏）　基本はそうだと思います．時に ASEAN はまだまだスポーツに対する理解というか，スポーツにお金を使うということが文化としてないので，企業にしても，スポーツやってるからお金くださいというのは，そんなに簡単じゃありません．スポーツを通して社会貢献活動をしている，さっきのミャンマービールの例みたいに，こういうことに対して協賛をしてください，協力をしてくださいというのは伝わりやすいのです.

（質問者）　僕も，結構 ASEAN 地域をいろいろちょろちょろしてたのでよくわかりますが，その ASEAN 地域におけるサッカーの立ち位置というのは多分高いと思うのですけど，スポーツ全体の立ち位置というのはまだまだ低いと思います．そういった部分への理解を広めていくのは，やっぱり社会貢献性っていうのを押し出していくというのが 1 番なんですかね.

（是永氏）　そうだし，核心的なことを言うと，今，ASEAN のお金のない国々というのはもらうのが当たり前なんですね，みんな．今，何か ASEAN ブームとか言ってやっているけど，時間かかりますよ．だから，そういう意味で

国民性から変えていかなきゃいけない，本当はそう思うんだけど，それには
どうするかと言うと，彼らには成功体験というのが重要だと思います．自分
たちがこうやって努力したからこうやって成功したんだということを１番伝
えられるのは，スポーツじゃないかとも思っています．目標設定してゴール
はここだよに対して，努力して，それをつかんだとかね．それ以外のところ
だと，まだまだ開かれているわけじゃないから，わからないんですよね，知
らないから，そういう世界で何が起こっているかとかいうのを．馬鹿にして
いるわけじゃなくて，現実としてそうです．だから，国民性を変えていくみ
たいなことを唯一できるのはスポーツなんじゃないかなと思います．

（質問者）　わかりました．ありがとうございます．

（司会者）　是永様，ありがとうございました．それではご来場の皆様，今一度
大きな拍手をお願いします．是永様，誠にありがとうございました．今回は，
プロスポーツの経営戦力という観点からこちらのセミナーを進めさせていた
だきました．是永様からは，Ｊリーグの海外進出戦略アルビレックス新潟シ
ンガポールを事例に，というテーマでお話しいただきました．実際に現場で
活躍されている是永様から貴重なお話をいただけて本当に嬉しく思います．
私たち学生も，今回のセミナーを通して学んだことを今後に活かせるように
さらに勉強して参りたいと思います．以上を持ちまして，第５回スポーツマ
ネジメントプロジェクトセミナーを終了させていただきます．本日は皆様お
忙しい中誠にありがとうございました．

（担当学生：出口知弘，岡村綺乃）

スポーツマネジメントプロジェクトあとがき

　2015年10月に発足したスポーツ庁の鈴木大地長官は，スポーツ未来開拓会議の挨拶で「スポーツで稼ぐという風土を作る」と明言しました．これまでわが国のスポーツシステムは，普及育成は学校体育，トップスポーツは企業スポーツ，という「支援される」立場にありました．「スポーツで稼ぐ」というスポーツビジネスの推進は，これまでの学校体育と企業スポーツから脱却し，スポーツが「自立」することを意味します．

　そのような時代の転換点で，同志社大学スポーツマネジメントプロジェクトはスタートしました．わが国のスポーツの未来を担う現役の大学生が何を考え，何を発するのか，学生に問いかけた集大成が本書です．本書に登場するスポーツビジネスの専門家の人選やテーマは，学生達の議論から生まれたものです．結果として，スポーツビジネスに携わる第一線の方々をゲストとして迎え，講義いただくことで，現在のスポーツビジネスの現場と未来の課題が浮き彫りになったように思います．

　スポーツが「自立」するために何よりも重要なことは，それを担う「人」です．本書に登場する講師の皆様は，まさにスポーツビジネスにイノベーションをもたらすべくご活躍されています．そのような方々に触れた本プロジェクトの学生が，近い将来，スポーツビジネスに貢献する人材になることを切に願います．

　最後に，ご多忙のところ本プロジェクトにご協力いただいたゲストの皆様に感謝の意を表したいと存じます．ありがとうございました．

　2017年2月8日

　　　　　　　　　（同志社大学スポーツ健康科学部，
　　　　　　　　　　スポーツマネジメントプロジェクト担当教員一同）

2017年 3 月31日　　第 1 版第 1 刷発行

新たなスポーツビジネスモデルを考える
定価(本体 1,500 円＋税)　　　　　　　　　　　検印省略

編　集　同志社大学スポーツマネジメントプロジェクト ©
発行者　太田　康平
発行所　株式会社　杏林書院
〒113-0034　東京都文京区湯島 4-2-1
Tel　03-3811-4887(代)
Fax　03-3811-9148
http://www.kyorin-shoin.co.jp

ISBN 978-4-7644-1591-1　C3037　　　　印刷・製本：三報社印刷
Printed in Japan
乱丁・落丁の場合はお取り替えいたします.